MARCO POLO

Fuerteventura

Reisen mit **Insider Tipps**

Diesen Führer schrieb Hans-Wilm Schütte, ein regelmäßiger Besucher und guter Kenner der Insel.

www.marcopolo.de
Infos zu den beliebtesten Reisezielen im Internet, siehe auch Seite 96

SYMBOLE

 MARCO POLO INSIDER-TIPPS:
Von unserem Autor für Sie entdeckt

 MARCO POLO HIGHLIGHTS:
Alles, was Sie auf Fuerteventura kennen sollten

 HIER HABEN SIE EINE SCHÖNE AUSSICHT

 WO SIE JUNGE LEUTE TREFFEN

PREISKATEGORIEN

Übernachtung		Restaurants	
€€€	über 420 Euro	€€€	über 12 Euro
€€	270–420 Euro	€€	8,50–12 Euro
€	bis 270 Euro	€	bis 8,50 Euro

Durchschnittspreise für eine Woche pro Person inkl. Halbpension im billigsten Zimmer (Belegung mit zwei Personen).

Die Preise gelten für ein Hauptgericht ohne Getränke.

KARTEN

[106 A1] Seitenzahlen und Koordinaten für den Reiseatlas Fuerteventura

Eine Karte von Corralejo finden Sie auf Seite 38, eine Karte von Puerto del Rosario auf Seite 52.

Zu Ihrer Orientierung sind auch die Orte mit Koordinaten versehen, die nicht im Reiseatlas eingetragen sind.

GUT ZU WISSEN

Variable Ortsnamen **11** · Kanarische Spezialitäten **20**
Fehlinvestitionen **47** · Unfreiwilliges Exil **48**
Landhotels und Königswege **55** · Fuerteventura seitenweise **70**

AUFTAKT

Entdecken Sie Fuerteventura!

Weite Strände, klares Wasser, Tauchreviere, wilde Pisten, Fischerdörfer und Fiestas

Finca im nördlichen Bergland

Eine Wüste ist dieser erhabene und geliebte, weltabgeschiedene Erdenfleck Fuerteventura – eine der Inseln, die man einst die glückseligen nannte ... ein nacktes, skeletthaftes, karges Land aus nichts als Knochen, ein Land, das eine ermüdete Seele zu stählen vermag.« Der dies schrieb, der Dichter Miguel de Unamuno, rühmte Fuerteventura 1924 nicht als erholungsbedürftiger Urlauber, sondern als politisch Verfolgter, verbannt in die ärmste Wildnis, die es in Spanien gab. »Oase in der Wüste der Zivilisation« nannte er sein Zwangsasyl an anderer Stelle trotzig, und all die Sonnenhungrigen und Surfbegeisterten, die heute freiwillig hergeflogen kommen, schätzen ebendies an Fuerteventura: die Urwüchsigkeit, die auf Sand, Stein und Strauchwerk reduzierte Landschaft inmitten des Ozeans, die herbe Symphonie aus fast weißem Strand, blauem Himmel, blaugrünem Meer, braungelber Steppe und grauschwarzem Geröll. Nichts ist hier von der üppigen Vegetation La Palmas oder der landschaftlichen Vielfalt Teneriffas

Am Playa de Sotavento beschert die vorgelagerte Sandbank Surfern ein ruhiges Fahrwasser

zu erahnen, nichts vom quirligen Stadtleben auf Gran Canaria. Bis heute ist Fuerteventura mit nur 23 Einwohnern pro Quadratkilometer die am dünnsten besiedelte der Kanarischen Inseln, und der Hauptort Puerto del Rosario eine Kleinstadt von gerade 25 000 Seelen.

Eines freilich ist anders geworden als zu Unamunos Zeiten: Die Zivilisation hat Einzug gehalten. Als künstliche Oasen liegen sie da, die Feriensiedlungen aus weißen Bungalows oder die terrassenförmig an die Hänge geschmiegten Hotels, umgrünt mit Pflanzen, die ohne künstliche Bewässerung rasch verdorrt wären, ausgestattet mit Duschen und Diskotheken, Bars und Boutiquen. Nichts ist wie daheim, man braucht nur auf den Balkon zu treten. Einzig Sand, Himmel und

Geschichtstabelle

Ab 3. Jahrtausend v. Chr. Besiedelung der Kanaren in mindestens zwei Wellen

Ab ca. 1100 v. Chr. Phönizische und karthagische Seefahrer besuchen die Inseln

1./2. Jh. n. Chr. Erste schriftliche Erwähnung der Kanaren bei Plinius d. Ä., Ptolemäus verzeichnet die Kanaren auf seiner Weltkarte

922 Die Araber versuchen, die Inseln zu erobern

1402 Der Normanne Jean de Béthencourt besetzt Lanzarote und erhält die Kanaren vom spanischen König zugesprochen

1403–1405 Béthencourt erobert Fuerteventura und gründet Betancuria als Hauptstadt, kehrt aber aufs Festland zurück; später wird die Insel verkauft

1478 Spanien kauft die Insel zurück

Ab Ende 15. Jh. Die spanische Krone verwaltet die Insel nicht direkt, sondern belehnt Adlige und Geistliche, die als *señores* über die Einheimischen herrschen; Einwanderung von normannischen und spanischen Siedlern; Assimilation der Ureinwohner *(majoreros)*

17./18. Jh. Wiederholt überfallen Freibeuter verschiedener Herkunft Küstenorte

1730–1736 Viele Bewohner von Lanzarote fliehen vor Vulkanausbrüchen auf die Nachbarinsel Fuerteventura

1740 Die Bürger von Tuineje schlagen englische Piraten in die Flucht (Schlacht von Tamacite)

1837 Die Lehnsherrschaft, das Señorio-System, wird abgeschafft

1852 Die Kanaren werden von der spanischen Königin zur Freihandelszone erklärt; ökonomischer Aufschwung in Fuerteventura u. a. durch den Export von Farbstoff, Soda und Kalk

1912 Den Inseln wird eine Selbstverwaltung zugestanden

1927 Fuerteventura wird Teil der neuen Provinz Gran Canaria

1966/67 Der Fremdenverkehr setzt ein

1975 Nach Francos Tod wird König Juan Carlos Staatsoberhaupt von Spanien

1986 Spanien tritt der EG bei; die Kanarischen Inseln erhalten einen Sonderstatus

1993 Volle Integration der Kanaren in die EU, die auf Fuerteventura seither Fremdenverkehrsprojekte im ländlichen Raum fördert

2002 Einführung des Euro

AUFTAKT

Für Einsiedler: Ermita de la Peña im Barranco de las Peñitas

Meer sind zu sehen, und zu hören ist nichts als das Geräusch des ewigen Windes.

Gewiss sorgt die Hotelanimation heute für jede Menge Kurzweil, doch ist die Insel gerade auch deswegen beliebt, weil sie das ideale Kontrastprogramm gegen jede Reizüberflutung bietet. Hier gefährdet kein Besichtigungsstress die Erholung. Es gibt weder antike Gemäuer noch berühmte Kunstsammlungen. Dennoch sollten Sie auf einer Rundfahrt oder besser auf einer geführten Wanderung auch einmal die verborgenen Attraktionen der Insel aufspüren – ob Schluchten, Lavafelder oder Dorfkirchen –, die Ihnen den »Geist« der Insel nahe bringen. Oder eine Siesta in einem kleinen Fischerort oder einem Bergdorf. Denn in den älteren Ortschaften herrscht vor allem eines: Ruhe. Da sitzt man auf einer Bank vor der Dorfkirche unter schattigem Blätterdach, sieht einem Hibiskus beim Blühen zu, die Sonne malt helle Flecken aufs Pflaster, und die Zeit steht still. Man mag sich in die herrlichen Wanderdünen von Corralejo legen und sehen, wie der Wind die Sandkörner vor sich her bläst, oder zuschauen, wenn bei sinkender Sonne die Landschaft ihre Farben aufleuchten lässt: rostrote Hänge mit blassgrünen Streifen, graugrüne Flechten auf schwarzen Lavabrocken. Die Schatten wandern; fast nichts geschieht, und doch hat man etwas Großartiges erlebt.

» *Bergdörfer, Wanderdünen, Lavafelder* «

Die Glücklichsten sind wohl die Wassersportler. Mit stabiler Wetterlage und Spots für alle Schwierigkeitsgrade locken die Strände ein buntes Surferpublikum an; wenn Wettkämpfe angesagt sind, reisen sie aus aller Welt an. Da kaum einmal Regen, Sturm oder eine Flaute in die Quere kommen, lernen auch Anfänger schnell. Und sollte einer doch am Brett verzweifeln, kann er Katamaran segeln oder beim Hochseeangeln sein Glück versuchen.

Dass die Qualitäten Fuerteturas eher im Verborgenen liegen, weiß niemand besser als die Fischer und die Taucher. Die Speisekarten geben einen Eindruck von der mannigfaltigen Tierwelt rund um die Insel. Dass für die Männer, die mit ihren kleinen Booten täglich hinausfahren, der Broterwerb auch ein Kampf mit der Kreatur sein kann, erlebt keiner so unmittelbar wie ein Hochseeangler, bei dem ein Blauhai oder gar ein blauer Marlin angebissen hat. Am meisten aber haben diejenigen zu bestaunen, die nördlich der Insel in die Meerenge El Río hinabtauchen. Dort sind Lavaströme zu einer bizarren Unterwasserwelt erstarrt, in der sich alles an Fischen tummelt, was in Küstennähe nur vorkommt.

Die Landschaft variiert nur wenige Themen: rundlich zu Kuppen geschliffene Vulkankegel, Kerbtäler, ein paar Palmenoasen, eine Handvoll kleiner Bergorte, kaum so viele Fischerdörfer, ab und zu Windräder oder eine Windmühle. Variantenreich und schön aber sind die Küsten. Da gibt es die kilometerlangen, hellen, feinsandigen Strände der Halbinsel Jandía, den fast weißen Dünenstrand bei Corralejo, die dunkelkiesigen, fast schwarzen kleinen Buchten vor den Fischerorten im Süden und im Westen wild umtoste Klippen mit engen Einschnitten hier und da und Sand schwarz, gold und gelb. Auch die Brandung ist ganz unterschiedlich: An einem Strand können selbst Kinder gefahrlos baden, am zweiten muss mit den Wogen gekämpft werden, und am dritten reißt das Meer jeden fort, der sich hineinwagt.

Bildungsreisende werden mit Fuerteventura sicher nicht sehr glücklich werden. Von Interesse allerdings ist die ländlich-bäuerliche Lebensweise der früheren – und teils noch der heutigen – Insulaner. Wie erfindungsreich sie z. B. bei der Wassergewinnung, -bewirtschaftung und -aufbereitung sein mussten, ist eine faszinierende Geschichte. Auch sonst war es nicht leicht, sich auf dieser zwar fruchtbaren, doch eher lebensfeindlichen Insel zu behaupten. Seit auf der Insel auch der ländliche Tourismus gefördert wird, ist eine Reihe von gut gemachten Heimatmuseen entstanden. In der Kirche von Betan-

»*Sand – schwarz, gold und gelb*«

Ziegen sind wichtige Nutztiere

AUFTAKT

Variable Ortsnamen

Meist sind mehrere Schreibweisen möglich

Etwas Offizielles wie ein Ortsname liegt fest, sollte man meinen. Nicht aber auf Fuerteventura. Statt Morro Jable sagt man auch Morro del Jable, statt Vega de Río de las Palmas auch Vega de Río Palma. Vollends unübersichtlich ist es mit der Feriensiedlung an der Bucht Caleta de Fustes, für die sechs verschiedene Namen gebräuchlich sind. Manche Orte tragen einen Artikel vornweg wie La Antigua, doch ebenso oft wird er fortgelassen. An Letzterem orientiert sich die alphabetische Einordnung in diesem Buch.

curia blieben sogar Zeugnisse aus dem frühen 15. Jh. erhalten, als die von den geheimnisvollen Altkanariern bewohnte Insel für die kastilische Krone erobert wurde.

Eine nennenswerte Geschichtsschreibung gibt es erst seit etwa 1600, als man begann, die regelmäßigen Sitzungen der Inselregierung zu protokollieren. Daraus lässt sich entnehmen, dass Einwanderer aus Südspanien und Frankreich neue Ackerbaumethoden und die Viehzucht nach Fuerteventura mitbrachten. Esel und Kamele wurden als Lasttiere eingesetzt. Das Sagen hatten die *señores;* den einfachen Insulanern, den *majoreros,* erging es über Jahrhunderte mehr schlecht als recht. Nur 6000 bis 8000 Einwohner dürfte es damals gegeben haben. Blieb der Regen aus, oder fielen Heuschrecken aus der Sahara ein, waren Hungersnöte unvermeidlich. Hilfe von außen gab es nur für die *señores* und das Militär, dessen einstiger Sitz, die Casa de los Coroneles in La Oliva, der bedeutendste historische Profanbau der Insel ist.

Wer alles gesehen und die Surf- und Tauchabenteuer überstanden hat, dem macht die Insel mit etwas Glück noch ein Überraschungsgeschenk: eine Fiesta. Da spielen dann eine Woche oder länger nachts die Bands auf dem Dorfplatz zum Tanz auf, an Buden werden Imbisse verkauft, Alt und Jung ist auf den Beinen, ein Karussell dreht sich, eine Prozession schreitet einher, mit bunten Wimpeln geschmückte Fischerboote reihen sich zu einem farbenfrohen Umzug auf dem Wasser.

> *Noch einmal die Brandung rauschen hören ...*

Der letzte Abend rückt heran. Wie Abschied nehmen? Noch einmal eine Beach-Party? Eine Paella mit frischen Meeresfrüchten im Hotelrestaurant? Ein Umtrunk mit Sangria an der Poolbar? Vielleicht fahren Sie aber doch lieber noch einmal in ein verschlafenes Fischerdorf, wo Sie am Strand auf der Terrasse eines kleinen *Bar-Restaurante* einen herrlich frischen Fisch verspeisen und einen herben Landwein trinken, wo Sie noch einmal die Brandung rauschen hören und Ihnen der Passat die Haare zaust.

STICHWORTE

Barrancos und Majoreros

Allerlei Wissenswertes über Land und Leute, Flora und Fauna

Barrancos

Wenn im Winter die wenigen Regengüsse auf die Insel niedergehen, gräbt sich die zu Tal rauschende Flut tiefe Abflussrinnen in die Hänge – die Barrancos. Sie können sich zu Tälern ausweiten oder Schluchten bilden. Sehenswert sind die schluchtartigen Barrancos de Esquinzo, de los Molinos und de las Peñitas an der West- und der Barranco de la Torre an der Ostküste.

Bevölkerung

Fuerteventura ist die am dünnsten besiedelte der Kanarischen Inseln. Noch um 1940 lebten hier keine 14 000 Menschen. Heute liegt die Bevölkerungszahl bei 60 000 (ohne Feriengäste). Die Zunahme erfolgt vor allem durch Zuwanderung vom spanischen Festland und hängt mit der Entwicklung des Tourismus zusammen. Nur etwa ein Fünftel der Bevölkerung sind alteingesessene Insulaner, die *majoreros*. Sie stammen von drei Völkern ab: von Spaniern, zu deren Reich die Kanarischen Inseln seit dem 15. Jh. gehören, von Normannen, die mit dem Eroberer Jean de Béthencourt kamen, und von den Altkanariern, die hier schon vorher lebten.

Fauna

Nur wenige Vierfüßer sind auf der Insel beheimatet oder werden als Nutzvieh gehalten. Am auffälligsten sind die vielen streunenden Katzen und die kleinen Ziegenherden, die ungehütet weit übers Land ziehen. Dromedare, einst wichtig als Reit- und Zugtiere, fungieren heute nur noch als Touristenattraktion.

Unter den Wildtieren sind besonders Eidechsen zu nennen, die mit ihren Haftzehen bei der Insektenjagd auch auf senkrechten Wänden herumhuschen. Auch Wildkaninchen und Igel sind häufig. Zutraulich zeigen sich zuweilen die Erdhörnchen. Es gibt sie auf der Insel erst seit 1972, als ein Minenarbeiter ein Pärchen aus der Sahara mitbrachte, das ihm entkam. Schlangen und anderes giftiges Getier sind auf Fuerteventura unbekannt.

Vielfältig ist die Vogelwelt. Raben und die weißen Schmutzgeier leben von Aas, ebenso viele Möwen. Bussarde gehen auf Jagd nach Kleingetier. An ruhigen Stränden fallen die drolligen Sanderlinge auf, die in kleinen Trupps eiligen Trip-

Mit dem weiß geschlämmten Mauerwerk typisch für Fuerteventura: Molino de Antigua

Die Felsen vor der Küste sind ideale Rastplätze für Seevögel

pelschritts im Ufersaum nach Nahrung stochern. In den Tälern des Westens ist der Wiedehopf zu Hause und in den Dünen im Inselnorden die seltene Kragentrappe. Ist ein Jahr mal etwas regenreicher, vermehren sich die Rebhühner stark. Die unscheinbare Wildform des Kanarienvogels trifft man an natürlichen Gewässern.

Das Meer um die Kanarischen Inseln ist sehr fischreich. In unterschiedlicher Entfernung zur Küste leben unter anderem verschiedene Barscharten, Makrelen, Schollen, Muränen, Grund- und Blauhaie, Nagelrochen, Schlangensterne, Seezungen, Schwert-, Tinten- und Thunfische. Sehr unangenehme Bekanntschaft kann man mit den Blasenquallen machen, die im Frühjahr besonders im Westen und Süden in Strandnähe kommen. Der Kontakt mit ihren langen Nesselfäden führt zu Hautverbrennungen und Lähmungserscheinungen.

Flora

Typisch für den Halbwüstencharakter der Insel ist die Kleinstrauchvegetation aus gelb blühendem Dornlattich und anderem Buschwerk. An die Trockenheit angepasst sind auch die rosettenartig wachsenden Fettpflanzen, die Euphorbiensträucher, die wie Kakteen aussehenden Säuleneuphorbien sowie die aus Mittelamerika stammenden Agaven, die zur Sisalgewinnung dienten. Aus Amerika eingeführt wurde auch der Feigenkaktus (Opuntie). Dieser ist Wirtspflanze der Cochenille-Schildlaus, aus der ein karminroter Farbstoff gewonnen wird. Seit der Entwicklung von Chemiefarben hat die Cochenillezucht jedoch fast aufgehört. In den Oasen wächst als einziger einheimischer Schattenspender die Kanarische Palme. Die in den Ferienanlagen gepflanzten Palmen kommen alle vom Festland. In ganzjährig Wasser führenden Barrancos wachsen Tamariskenhaine. Mimosensträucher verkünden mit ihren gelben Blüten im Februar das Nahen des Frühlings.

Viele Pflanzen stehen unter Naturschutz. Manche seltenen Pflanzenarten wurden sogar erst in jüngerer Zeit entdeckt, darunter einige, die ausschließlich auf Fuerteventura vorkommen.

Geografie und Geologie

Mit einer Fläche von 1730 km^2 – etwa das Doppelte von Gesamt-Berlin – ist Fuerteventura die zweitgrößte der Kanarischen Inseln. Sie liegt Afrika näher als alle anderen Inseln des Archipels (kürzeste Entfernung rund 95 km). Auf der gleichen geografischen Breite befinden sich auch Delhi und Mittel-Florida. Fuerteventura ist gut 98 km lang (Luftlinienentfernung zwischen dem Nordkap Punta de la Tiñota und dem Südwestkap Punta de Jandía). Geografisch gliedert sie sich in den Inselkörper Maxorata (nach ihm nennt man die alteingesessenen Insulaner *majoreros*) sowie in die Halbinsel Jandía im Süden.

Fuerteventura ist die älteste der Kanarischen Inseln und in ihrem Grundstock durch Hebung des Meeresbodens entstanden. Der größte Teil bildete sich vor 12 bis 22 Mio. Jahren. Daher ist sie auch stärker als die jüngeren Inseln durch Erosion abgeflacht. Der Vulkanismus kam später. Er erlosch vor spätestens 4000 Jahren.

Während die dunklen Sand- und Kiesstrände aus zermahlenem Lavagestein bestehen, sind die weißen bis goldgelben Sandstrände und Dünen aus Kalkablagerungen von Meerestieren in Inselnähe entstanden. Es handelt sich nicht um herangewehten Saharasand, wie oft behauptet wird. Fast weiße Kalksteinschichten, als Ablagerungen auf dem Meeresgrund entstanden, treten bei Puerto de la Peña auch oberirdisch zu Tage und sind dort in reizvollem Kontrast von schwarzer Lava überdeckt.

Klima

Dass die Insel das ganze Jahr über ein nahezu gleichbleibend angenehmes Klima bietet, liegt am Meer und am Passat. Das Meer nivelliert die Temperaturunterschiede, und das System der Passatwinde hält meist sowohl Regen bringende als auch trocken-heiße Luftmassen fern. So ist hier in der Regel ein gänzlich anderes Wetter als in der nahen Sahara. Nur die Trockenheit ist die Gleiche. Hierin besteht ein großer Unterschied zu den westlich gelegenen Schwesterinseln Gran Canaria oder Teneriffa. Dort schlägt sich die Feuchtigkeit des Passats an hohen Bergen nieder. Der mit 807 m höchste Gipfel Fuerteventuras ist zu klein, um hier einen nennenswerten Effekt zu erzielen.

Auch auf Fuerteventura jedoch kann das Wetter launisch werden. Da sind einmal die winterlichen Regenfälle. Sie entstehen, wenn sich das Passatsystem mit der Sonne so weit nach Süden verschiebt, dass sich von Norden und Westen her Tiefdruckgebiete auswirken. Dann kann es unangenehm kühle Tage geben. Ein anderes Mal, wenn heiße, staubhaltige Saharawinde (Schirokko) über die Insel hereinbrechen, steigt für ein paar Tage die Temperatur sprunghaft um 10 Grad oder mehr, und die Sicht sinkt auf 100–200 m. Der Passat weht gewöhnlich im Sommer am stärksten und kann durch den aufgewirbelten Sand besonders für Kleinkinder das Strandvergnügen beeinträchtigen. Im Winter dagegen ist zuweilen mit Flaute zu rechnen.

Mühlen und Wasserräder

Alle gemauerten Mühlen sind Getreidemühlen. Die Flügel, vier oder sechs, wurden mit Segeltuch bespannt. Obwohl der Wind meist aus nur einer Richtung weht, besitzen die Mühlen eine drehbar gelagerte Kappe mit einem rückwärtig hervorstehenden Balken, mit dem die Flügel neu ausgerichtet werden können. Gemahlen wurde auch von Hand oder mit Göpel, vor den ein Esel oder Dromedar gespannt wurde. Seit dem 19. Jh. dienen aus den USA importierte Windräder dazu, Brunnenwasser zu fördern.

Natur- und Umweltschutz

Das Ökosystem eines so von Trockenheit geprägten Landes wie Fuerteventura reagiert auf menschliche Einflüsse überaus sensibel und nachhaltig. Zum einen wachsen die Pflanzen wegen der Dürre sehr langsam, zum zweiten macht es der harte Boden Pflanzen schwer, sich anzusiedeln. Während sich unbedeckter Boden in Mitteleuropa innerhalb weniger Wochen begrünt, bleibt der Schaden an der Vegetation, den hier z. B. ein Jeep anrichtet, lange bestehen.

Schon seit Jahrhunderten übersteigt der Grundwasserverbrauch den Nachschub durch die Niederschläge. Der dadurch sinkende Grundwasserspiegel hat die Wüstenbildung nur noch mehr verstärkt.

Seit man – in größerem Maßstab ab den Fünfzigerjahren – Tomatenpflanzungen anlegte, hat sich das Problem verschärft, denn die zum Export bestimmten Früchte, die durch Sonnensegel vor dem vorschnellen Reifen geschützt werden, brauchen viel Wasser. Der Fremdenverkehr hat die ökologische Belastung weiter erhöht. Die größten Schäden verursachen allerdings die Ziegen, die nichts lieber fressen als junge Triebe. Mit einigen Zehntausend liegt die Zahl der Tiere um ein Vielfaches höher, als ökologisch verträglich wäre.

Der erste Naturpark der Insel wurde 1982 eingerichtet. Er umfasst die Wanderdünen bei Corralejo sowie die Insel Lobos. Inzwischen wurde ein großes Gebiet um Betancuria unter Schutz gestellt und fast die gesamte Halbinsel Jandía als Naturpark ausgewiesen. Hier sind nun auch größere Teile eingezäunt, um Ziegen und Geländefahrzeuge fernzuhalten. Insgesamt allerdings sind die Schutzmaßnahmen nur halbherzig; vieles steht nur auf dem Papier. Vor allem gegen querfeldein fahrende Geländewagen wird heute in den Naturschutzgebieten jedoch streng durchgegriffen. Beachten Sie, dass Abfälle im trockenen Klima nur langsam verrotten. Nehmen Sie daher auf Ausflügen alles wieder mit zurück.

Ringkampf »Lucha Canaria«

Beim kanarischen Ringkampf, der schon zu vorspanischer Zeit gepflegt wurde, treten die Kontrahenten (luchadores) aus zwei zwölfköpfigen Mannschaften einzeln gegeneinander an. Gekämpft wird über maximal drei jeweils dreiminütige Runden; Verlierer ist, wer zweimal mit einem anderen Körperteil als den Füßen den Boden berührt hat. Der runde Kampfplatz von rund 10 m Durchmesser ist mit Sand oder Sä-

STICHWORTE

gemehl bedeckt. Viele Orte verfügen über eigene Ringkampfarenen. Turniere gehören zu allen festlichen Anlässen. Die wahren Meister, die alle 43 möglichen Griffe beherrschen, sind Berühmtheiten wie andernorts die Fußballstars.

Verwaltung
Fuerteventura bildet mit Lanzarote und Gran Canaria die spanische Provinz Gran Canaria. Auf der Insel regiert in Puerto del Rosario das *Cabildo Insular* als Inselverwaltung. Das Inselterritorium selbst gliedert sich wiederum in sechs Hauptgemeinden (Antigua, Betancuria, Oliva, Pájara, Puerto del Rosario und Tuineje), an deren Spitze je ein gewählter Gemeinderat und ein Bürgermeister stehen.

Wasser
Der Mangel ist groß. Es regnet zu wenig, und von dem, was kommt, rauschen acht Zehntel ungenutzt ins Meer. Schon vor Einführung der Windräder, als der Grundwasserspiegel noch nicht so weit abgesunken war, nötigte der Mangel zu Klugheit im Umgang mit dem kostbaren Nass. Daher terrassierte man die Felder und legte Auffang- und Absetzbecken an den Hängen sowie häusliche Zisternen an. Für die Nutzung als Trinkwasser musste das Zisternenwasser aufbereitet werden; Sickerbecken aus Kalksandstein sind in einigen Museen zu sehen. Grundwasser förderte (und fördert) man aus gemauerten Brunnen *(pozos)*, entweder mit Windkraft oder durch Tiere am Göpel. Auch dieses Wasser wird in gedeckten Bassins gespeichert. Es ist meist nur als Brauchwasser (zur Bewässerung) oder für die Tiertränke verwendbar.

Die Wüste lebt: Blume im Sand

Nachdem sich Stauseen zur Behebung der Wasserknappheit als untauglich erwiesen haben, da sie sich mit Lehm und Geröll zusetzen, muss der erhöhte Wasserbedarf, der durch den Fremdenverkehr und andere Faktoren entstand, durch Meerwasserentsalzungsanlagen gedeckt werden. Die Verteilung des Wassers erfolgt heute vorwiegend durch Leitungen, doch viele sind auch noch auf den Einsatz von Wassertankwagen angewiesen.

Wirtschaft
Einst galt Fuerteventura als Kornkammer der Kanaren, heute zeugen davon nur noch die zahllosen brachliegenden Terrassenfelder. Mit der Ziegenhaltung ist ebenfalls kaum noch Geld zu verdienen. Gefischt wird nur mit kleinen Booten für den Konsum auf der Insel selbst. Einzig die Tomatenpflanzungen und der Aloe-vera-Anbau im Süden besitzen noch wirtschaftliche Bedeutung. Der Tourismus auf Fuerteventura entwickelte sich relativ spät. Noch 1968 waren nur 1400 ausländische Gäste gekommen, heute sind es weit über eine Million im Jahr. Fast die gesamte Inselwirtschaft ist davon abhängig.

ESSEN & TRINKEN

Frischer Fisch und Papas arrugadas

Außer den Schätzen des Meeres hält die schlichte Inselküche noch ein paar Überraschungen bereit

Wer von einer kargen Insel wie Fuerteventura eine frugale Küche erwartet, hat Recht und Unrecht zugleich. Gewiss lebten die Menschen hier schon zu früheren Zeiten, als die Insel noch als Kornkammer der Kanaren galt, nicht eben im Schlaraffenland. Heute, da das meiste Ackerland brachliegt, kommt von der Insel an Feldfrüchten nicht viel mehr als Kartoffeln und Tomaten in den Handel. Dank des EU-Agrarmarktes ist das Speisenangebot aber heute größer denn je – und ziemlich international. Wer Spanisches liebt, erhält seine Paella oder die beliebten Tapas, Appetithappen wie Bohnensalat, Eiersalat, Sardinen oder marinierte Muscheln, die an der Theke von Kneipenlokalen in Schalen bereitstehen. Wer Italienisches vorzieht, findet in allen Ferienzentren ein Pizza- und Pastaangebot, und auch Wiener Schnitzel, Bratwurst oder – für die Briten – *fish and chips* sind zu haben. Zudem gibt es in allen Touristenorten mittlerweile chinesische und vereinzelt griechische, mexikanische und indische Restaurants.

Die in Schale und Salzwasser gegarten Papas arrugadas und Fisch gehören zum kanarischen Menü

Das Beste aber, was Sie tun können, ist kanarisch zu speisen. Kartoffeln und Tomaten sind schließlich nicht das Einzige, was die Insel bietet. Vor allem wird der Speisezettel mit frisch gefangenem Fisch bereichert. Wer sich an die einheimische Küche hält, bekommt die frischesten Zutaten, und das Preis-Leistungs-Verhältnis stimmt. Die kanarische Küche, so schlicht sie im Grunde ist, bietet doch einige überraschende, herzhafte Gaumenfreuden, ohne dabei allzu fremdartig zu sein. Voraussetzung: Sie mögen Knoblauch. Der wird nämlich gern und reichlich verwendet.

Typisch und köstlich ist die Kombination aus frischem Fisch, Runzelkartoffeln und *mojo*-Soße; meist kommt noch ein kleiner Salat aus Tomaten und Zwiebeln dazu. Spitzenreiter im Frischfischangebot ist die *vieja,* die zu der Spezies der Papageienfische gerechnet wird. *Vieja* ist jedoch oft nur in den besseren Fischlokalen der Hafenorte zu haben. Noch einen Tick feiner (und seltener) ist frischer Zackenbarsch *(mero)*. Viel häufiger kommt man an frischen Thunfisch *(atún)* oder Tintenfisch *(calamares)*. Wer dagegen Seezunge *(lenguado),* Lachs *(salmón)* oder Langusten *(langos-*

Kanarische Spezialitäten

Lassen Sie sich diese Köstlichkeiten gut schmecken!

Comidas (Speisen)

cabra/cabrito – Ziegenfleisch bzw. Zicklein. Letzteres ist ein Saisongericht, Ziegenfleisch dagegen gibt es das ganze Jahr. Das Fleisch ist schmackhaft, die Stücke sind nicht groß und lassen sich gut abnagen. Zicklein muss meist einen Tag vorher bestellt werden

langostinos – Riesengarnelen, die bei Feinschmeckern beliebt und nur unter Zuhilfenahme der Finger zu bewältigen sind. Sie werden gegrillt serviert und zählen preislich zu den Spitzenreitern auf der Karte

gallo – eine Fischspezialität, die nie auf der Karte steht; Sie müssen danach fragen. Gallo ist leicht zu filetieren und hat nur wenige und große Gräten. Das Besondere ist das feste Fleisch, das ein wenig an Huhn erinnert

papas arrugadas – Die typisch kanarischen Runzelkartoffeln sind klein und werden mit Schale in Salzwasser gekocht, bis das Wasser verdunstet ist. Gewöhnlich werden sie zu Fischgerichten gereicht, oft stehen sie aber auch unter Vorspeisen gesondert auf der Karte. Mit einem Salat kombiniert, bieten sie eine gute Alternative für Vegetarier. Stets kommt zu den Kartoffeln, die mit Schale verzehrt werden, eine Schale mit roter *mojo* auf den Tisch

puchero canario – Gemüseeintopf, in dem sich alles vereinen lässt, was Garten oder Supermarkt gerade hergeben. Ein Stückchen Kürbis sorgt für die Sämigkeit; gewürzt wird mit Salz, Pfeffer, Lorbeer und Kräutern. *Pucheros* werden mit einem Stück Fleisch geschmurgelt; die besten bekommt man in Familiengaststätten auf dem Land.

sancocho – Fischgericht, das mit Kartoffeln, Süßkartoffeln, Zwiebeln und geräuchertem Ziegenkäse zubereitet wird

sopa de pescado – Fischsuppe, die möglichst viele verschiedene Fisch- und Meeresfrüchtesorten enthalten sollte – welche, hängt vom Tagesfang ab – und als Vorspeise serviert wird.

Bebidas (Getränke)

carajillo – starker Espresso mit Kognak

cerveza – Bier; empfehlenswert die auf den Kanaren gebrauten süffigen Sorten »Tropical« und »Dorada«

ron miel – Der »Honigrum« eignet sich als Schmankerl nach einem gelungenen Mahl: ein Schnapsgläschen Rum mit Honig, zuweilen mit Sahnehäubchen verziert

ESSEN & TRINKEN

tas) ordert, muss mit importierter Kühlware rechnen. Zum Fisch werden meist die Runzelkartoffeln *papas arrugadas* gereicht, die mit *mojo*-Soße aber auch für sich allein herrlich schmecken.

Apropos *mojo*-Soße: Deren Zutaten umfassen Knoblauch, süßen Paprika, Salz, Essig und Öl; abgeschmeckt mit diversen Gewürzkräutern, erhält man die rote Variante *(mojo rojo)*. Scharfer roter Chili macht *mojo picón* daraus. Wird statt Paprika und Chili Petersilie und frischer Koriander verwendet, entsteht grüne *mojo*-Soße *(mojo verde)*, die besonders gut zu den feinen Fischsorten passt.

Die Fischauswahl lässt auch andere kanarische und spanische Gerichte gut gelingen, so die Paella, die als Reisgericht auf den Kanaren an sich nicht heimisch ist. Typisch kanarische Fischgerichte sind dagegen der *sancocho* und die *sopa de pescado* (Fischsuppe). Das Fleischangebot umfasst Zicklein *(cabrito)*, Hammel *(carnero)* und Kaninchen *(conejo)*, zur Jagdsaison auch Wildkaninchen *(conejo salvaje)*.

Eine Delikatesse ist Ziegenkäse *(queso de cabras)*, besonders als Vorspeise. Mit Tomaten, Salami oder Schinken ergibt er ein leichtes Mittagessen oder, mit Brot und einem Schoppen Rosé, ein vorzügliches Strandpicknick. Leider ist das typischste aller Inselgerichte in Lokalen kaum mehr zu haben: *gofio*. Seit der Zeit der Ureinwohner war dies das Grundnahrungsmittel auf den Kanaren, ein Zeugnis für die Armut der Bauern – bildete doch dieser Brei, vielleicht mit etwas Gemüse oder Ziegenmilch, über Wochen und Monate das einzige Nahrungsmittel. *Gofio* entsteht, indem man Getreide (meist Gerste) röstet, dann mahlt und das Mehl zu einem Brei weiter verarbeitet.

Wein kommt meist vom spanischen Festland und ist fast immer trocken. Auch bei Sekt *(cava)* herrschen spanische Marken vor; sie sind oft ausgezeichnet. Gleiches gilt für spanischen Kognak. Mineralwasser wird fast nie glas-, sondern nur flaschenweise serviert, entweder *con gas* oder *sin gas* – mit oder ohne Kohlensäure. Zum Abschluss eines guten Essens gehört ein Espresso, ein *café solo*. Man kann aber auch einen *café con leche* (mit viel Milch) oder einen *café cortado* (mit wenig Milch) ordern.

Die Preis- und Qualitätsunterschiede sind gering. Eine nicht ganz billige Mittelklasse beherrscht das Feld. Vegetarische Speisen bieten nur die Italiener und ein paar Spitzenlokale. Alle Lokale, in denen auch nur gelegentlich Touristen verkehren, verfügen über eine deutsche Speisekarte, auch wenn die Kellner kein Deutsch sprechen.

Im Preis ist Bedienung zwar eingeschlossen, doch sollte man aufmerksamen Service mit fünf bis zehn Prozent des Rechnungsbetrages zusätzlich honorieren. Zahlen Sie als Gruppe nicht getrennt, sondern rechnen Sie die Beträge, falls nötig, selbst auseinander.

Gegessen wird auf den Kanaren, wie überall in Spanien, mittags und abends etwas später als in Deutschland. Das Mittagessen *(almuerzo)* wird in der Regel zwischen 13 und 15 Uhr, das Abendessen *(cena)* zwischen 20 und 22.30 Uhr eigenommen. In den großen Ferienzentren und Hotels und Klubanlagen gelten allerdings mitteleuropäische Essenszeiten.

EINKAUFEN

Sticken und flechten

Inseltypische Durchbruchstickereien, Flechtwerk aus Palmblättern sowie Naturkosmetika aus Aloe vera sind noch erschwinglich

Die Kanaren sind Freihandelszone, billiger als in Mitteleuropa sind auf Fuerteventura außer Tabak und Alkohol jedoch nur wenige Waren. Besonders bei elektronischen und optischen Geräten sowie bei Parfüm sind Preisvergleiche mit daheim anzuraten. Am günstigsten kaufen Sie in Supermärkten abseits der touristischen »Rennstrecken«, am teuersten am Flughafen.

Bei Alkohol sind festlandspanische Marken am stärksten vertreten. Gut und preisgünstig ist spanischer Kognak. Kunsthandwerksläden führen auch kanarischen Kaktuslikör und Rum mit Honig, *ron miel*. Bei Tabakwaren beschränkt sich das Sortiment meist auf Zigaretten der bekannten Marken sowie auf *Palmeros*, einer Art großer Zigarrillos aus La Palma.

Obenan bei Produkten von der Insel stehen Durchbruchstickereien, deren Entstehung Sie in der Stickereischule in Lajares oder in der Casa Santa Maria in Betancuria verfolgen können. Die Tischdecken oder Schürzen sind im Stil eigenständig, inseltypisch und erschwinglich.

Eine Kunst für sich ist die hier noch gepflegte Durchbruchstickerei

Sehr schlicht ist die mittel- bis dunkelbraune Keramik der Insel. Ein etwas exotischeres Zeugnis alter Handwerkskunst stellen Flechtarbeiten aus Palmblättern dar.

Produkte der Landwirtschaft können nach der Heimkehr den Speiseplan bereichern: Ziegenkäse z. B. und Kaktusmarmelade. Auch Fertig-*mojo* ist zu haben. Safran, hier großzügig verwendet, lohnt vor allem wegen des Preisvorteils.

In letzter Zeit an Beliebtheit gewonnen hat Aloe vera. Die seit Jahrtausenden bekannte Heilpflanze wird heute als Naturkosmetikum geschätzt. Aloe aus kanarischem Anbau gibt es als Salbe, Nachtcreme, Seife und Shampoo.

Schließlich verdient das breite Angebot an Lederwaren Erwähnung: Gürtel, Rucksäcke, Hand- und Reisetaschen werden vielfach aus Marokko importiert. Das Preis- und Qualitätsniveau liegt im mittleren Bereich. Zu beachten ist auch das schicke Sortiment der Schuhläden, vor allem in Puerto del Rosario.

Feilschen ist auf Fuerteventura eigentlich nicht üblich, bei marokkanischen und schwarzafrikanischen Händlern jedoch unbedingt angebracht.

Feste, Events und mehr

Auf den Fiestas geht's oft erst um Mitternacht richtig los

Feiertage

1. Jan. *Neujahr;* **6. Jan.** *Dreikönigstag* (Familienfest, an dem man einander beschenkt); *Gründonnerstag;Karfreitag;* **1. Mai** *Tag der Arbeit;* **30. Mai** *Tag der Kanaren; Fronleichnam (Corpus Christi);* **25. Juli** *Sankt-Jakobs-Tag;* **15. Aug.** *Mariä Himmelfahrt;* **12. Okt.** *Nationalfeiertag*

Prächtige Karnevalstänzerin

(Entdeckung Amerikas); **1. Nov.** *Allerheiligen;* **6. Dez.** *Verfassungstag;* **8. Dez.** *Mariä Empfängnis;* **25. Dez.** *Weihnachten,* um Mitternacht werden in der Christmette Krippenspiele aufgeführt. Adventssingen in der Kirche von *La Antigua* (Sa oder So des 4. Advent, etwa 17 Uhr).

Fiestas

Jeder Ort gerät anlässlich des Festes zu Ehren des lokalen Schutzheiligen für eine Woche im Jahr aus dem Häuschen. Gefeiert wird mit Umzügen, Kinderfesten, Sportveranstaltungen, Gottesdiensten, Musik und Tanz. Höhepunkte sind die nächtlichen Bälle *(verbenas).* Die angegebenen Daten sind die *días principales,* an denen auch die Geschäfte und Ämter geschlossen bleiben. Die größten Bälle finden oft ein Wochenende vor- und nachher statt.

21. Januar *Valle de Santa Inés*
2. Februar *Gran Tarajal*
Februar/März ★ *Karneval:* Am meisten ist in *Puerto del Rosario* los: Den Auftakt macht ein großer Maskenball. Weitere Bälle mit Namen wie *verbena, gran baile* oder *gran gala* folgen, darunter die *Verbena de la Sabana,* bei der Perücken und schwellendes Schaumgummi Männer zu weiblichen Schönheiten machen. Ein weiterer Höhepunkt ist der abendliche Umzug (Sa oder So).
März/April: *Semana Santa/Ostern:* Vielerorts Prozessionen mit Marien- und Christusbildnissen.
4. Mai *Tefia*
8. Mai *Tarajalejo*
13. Mai *La Lajita*
Mai/Juni: *Fronleichnam.* In *Puerto del Rosario* Prozession über kanarische »Blumenteppiche« aus bunten Steinen und anderem Material.

13. Juni *Lajares*
24. Juni *Ajuy*
24. Juni *Vallebrón*
29. Juni *Las Playitas*
2. Juli *Pájara*
14. Juli *Betancuria*: Beim *Día de San Buenaventura* spielen Trommler und Pfeifer zum Jahrestag der Eroberung der Insel durch die kastilische Krone.
16. Juli *Corralejo* und *Morro Jable*: *Fiesta Nuestra Señora del Carmen*. Die hl. Carmen ist Schutzpatronin der Fischer und Seeleute. In Corralejo formiert sich nach dem Gottesdienst eine Prozession, es folgt eine ★ Bootsprozession; ähnlicher Ablauf in *Morro Jable*.
26. Juli *Casillas del Angel*
4. August *Tetir*
3. So im August *Tiscamanita*
15. August *Tindaya*
Ca. 22. August *El Cotillo*
Zweite Augusthälfte in *Gran Tarajal*: Woche der Jugend
28. August *Tefía*
8. September *La Antigua*
3. Sa im September *Vega de Río de las Palmas*: Freitagnacht ziehen Pilgergruppen über die Berge nach Vega Río Palma, wo die Virgen de la Peña, die Schutzheilige der Insel, als kleine Alabasterfigur steht. Die Fiesta dauert ohne Pause 40 Stunden.
7. Oktober *La Oliva*
7. Oktober *Puerto del Rosario*: Die ★ *Fiesta Nuestra Señora del Rosario* ist die größte auf der Insel; sehenswerte Prozession mit Trachten und Musik am Haupttag.
13. Oktober *Tuineje*: Beim Fest des hl. Michael wird der siegreichen Schlacht von Tamacite gegen englische Piraten gedacht und ein Historienschauspiel aufgeführt. *Insider Tipp*
19. Oktober *La Ampuyenta*
30. November *Tetir*
8. Dezember *Betancuria*

Veranstaltungen

Ende April wird auf dem staatlichen Versuchsgut (*Granja Experimental del Cabildo Insular*) eine Art »Grüne Woche« *(FEAGA)* organisiert: mit Folklore und Ziegenmelkwettbewerb.
Im Mai findet in *La Antigua* an der Ringkampfarena die ★ *Feria Insular de Artesanía* statt. Ein Wochenende lang präsentieren Kunsthandwerker von allen Kanarischen Inseln ihr Schaffen. Im Rahmenprogramm kanarische Folklore.

Fiesta Nuestra Señora del Carmen

DIE MITTE UND DER NORDEN

Fischerdörfer und Palmenoasen

Von weißen Dünenstränden und schwarzem Lavageröll über rote Hänge zu schattig begrünten Bergorten

Fast alle Gäste haben die Atlantikinsel in der Mitte der Ostküste zum ersten Mal betreten und zweifelnd die Ödnis ihres Urlaubsziels betrachtet, denn hier, fünf Kilometer südlich der Hauptstadt Puerto del Rosario, liegt der Flughafen Fuerteventuras. Ob es von dort nach Süden zum Feriengebiet von Caleta de Fustes, nach Norden Richtung Corralejo oder auch ins Inselinnere geht, ist einerlei – zunächst erleben die Besucher nur eins: graugelbe Monotonie. Je weiter sie aber nach Norden oder Westen kommen, umso mehr wartet das karge Eiland mit Überraschungen auf. Am beeindruckendsten ist sicherlich die Landschaft der fast weißen Wanderdünen im Nordwesten der Insel. Als ebenso erstaunlich aber können die faust- bis kopfgroßen schwarzen Lavabrocken gelten, die große Teile des Inselnordens bedecken. Weiter südlich dominiert stellenweise die Farbe Rostrot in der Landschaft; bei tief stehender Sonne leuchtet der Boden besonders intensiv. Erloschene Vulkankegel ragen auf; manche sind von schöner Symmetrie.

Alte Wohnhäuser in Tuineje

Der mittlere Bereich der Insel gliedert sich in ein weites, muldenförmiges Längstal und – nach Westen hin – in ein bis 722 m aufragendes Bergland mit tief eingeschnittenen Tälern und einigen schönen Palmenoasen.

Im küstenfernen Bergland der Mitte und des Nordens befinden sich die historischen Hauptorte Fuerteventuras – Antigua, Betancuria, La Oliva, Pájara und Tuineje. An Stellen mit natürlichem Wasservorkommen gegründet, so dass Landwirtschaft möglich war, markieren sie die früheren Zentren der Inselwirtschaft, bevor Hafenstädte wie Puerto del Rosario oder das im Inselsüden gelegene Gran Tarajal

Betancuria, die alte Hauptstadt mit ihrer bedeutenden Kirche und mächtigen, gut restaurierten Herrenhäusern

ANTIGUA

Das farbenfrohe Herrenhaus in Antigua zeugt vom Wohlstand der Señores

sie überflügelten. Bis heute sind diese alten Siedlungen Sitz von fünf der sechs Inselgemeinden – die sechste ist Puerto del Rosario.

ANTIGUA

[109 E–F4] La Antigua begrüßt von Norden Kommende noch vor dem Ort mit der Windmühle des Ausstellungszentrums *Molino de Antigua*. Der Ort liegt inmitten eines weiten Tales. Seit dem ausgehenden 15. Jh. ließen sich hier andalusische und normannische Siedler nieder, die den fruchtbaren roten Lössboden kultivierten und im 18. Jh. La Antigua gründeten. Im 19. Jh. war das Kirchdorf sogar für zwei Jahre Sitz der Inselverwaltung.

La Antigua ist heute Zentrum der gleichnamigen Landgemeinde, die mit der Feriensiedlung Caleta de Fustes auch vom Tourismus profitiert – ein Teil der Einnahmen floss in das große Sportzentrum (mit Ringkampfarena) im Südosten des Ortes.

SEHENSWERTES

Kirche
Die weiße Pfarrkirche, die der Jungfrau von Antigua geweiht ist, beherrscht das Zentrum des Gemeinwesens. Der einschiffige, recht große Bau mit Glockenturm wurde im Jahr 1785 vollendet. Sehenswert sind die schöne Mudéjar-Decke des Chors und der ockerfarbene klassizistische Altar. Auf dem Vorplatz blühen Pflanzen in fast subtropischer Üppigkeit, schön für eine Rast in kühlem Schatten. *Tagsüber meist geöffnet*

Molino de Antigua
Die »Mühle von Antigua« ist Blickfang und Namensgeber einer 1998 fertig gestellten Anlage, zu der Ausstellungsräume, ein gut sortierter Kunsthandwerksladen, ein Restaurant *(€)*, eine Galerie, ein Kaktusgarten, eine Cafeteria und eine archäologische Sammlung zur Lavahöhle von Villaverde gehören. Auch das Innenleben der Mühle ist zu besichtigen. *An der FV 20 nörd-*

DIE MITTE UND DER NORDEN

lich der Stadt, Di–Fr und So 9.30 bis 17.30 Uhr, Eintritt 1,80 Euro (Laden und Werkstätten oft geschl., Laden wird auf Wunsch geöffnet)

ESSEN & TRINKEN

Bar Plaza (»Casa Juan«)
Die typische Dorfkneipe ist ein beliebter Treffpunkt, wie üblich bei solchen Lokalen vor allem für die Männer. Serviert werden köstliche Tapas. Ein großes Wandbild zeigt La Antigua in kanarischer Landschaft. *Meist tagsüber geöffnet (etwas unregelmäßig), am Kirchplatz,* €

EINKAUFEN

Der Kulturverein »Mafasca« veranstaltet an jedem zweiten Sonntag im Monat einen sehenswerten, volkstümlichen Markt mit großem Angebot an kanarischem Kunsthandwerk, mit leckerem, bäuerlichem Gebäck und Spielzeug. Im Rahmenprogramm gibt's viel Musik und Tanz in alten Trachten. *10–16 Uhr, bei der Kirche*

ÜBERNACHTEN

La Era del Corte *Insider Tipp*
Das Hotel mit seinem exquisiten kanarischen Ambiente war ein Pionier in Sachen ländlicher Tourismus. Es gibt nur elf Zimmer in einem umgebauten alten Herrenhaus, ideal für Gäste, die Ruhe suchen und Strandtrubel verabscheuen. Abseits gelegen, daher nur sinnvoll in Verbindung mit einem Leihwagen. Tennisplatz, kleiner Pool, schöner Innenhof. *C. La Corte 1 (südl. der Stadt), Tel. 928 87 87 05, Fax 928 87 87 10,* €€

ZIELE IN DER UMGEBUNG

Aloe-vera-Plantage
»Savimax«   [109 F5]
Hier können Sie die seit alters beliebte Heilpflanze aus der Nähe sehen und die daraus gewonnenen Produkte ab Fabrik kaufen. *Westlich der FV 50 am Kreisverkehr bei km 5, Zufahrt zur Fabrik Richtung Valles de Ortega bis Abzweig links zurück*

MARCO POLO **Highlights**
»Die Mitte und der Norden«

★ **Pfarrkirche von Pájara**
Dorfkirche mit dem berühmten Barockportal (Seite 49)

★ **Barranco de las Peñitas**
Am Stausee entlang hinab in eine einsame Felsschlucht (Seite 32)

★ **Wanderdünen El Jable**
Nichts als endloser, weißer Sand (Seite 36)

★ **Betancuria**
Kirche, Kloster, Kunsthandwerk – und ein stilvolles Restaurant: In dem alten Bergort lebt Fuerteventuras Geschichte fort (Seite 30)

★ **Centro de Arte Canario**
Anspruchsvolles kanarisches Kunstforum für Freunde zeitgenössischer Kunst (Seite 46)

BETANCURIA

Pozo Negro und altkanarisches Ruinenfeld von Atalayita

Wer von der FV 2 auf die Stichstraße nach Pozo Negro einbiegt, gelangt nach 3 km an eine rechts abzweigende, neue Piste. Sie führt quer durch den schwarzen Lavastrom, der die Straße bis zur Küste begleitet, zur bedeutendsten Ruinenstätte aus altkanarischer, also vorspanischer Zeit [115 E–F1]. Ausgrabungen haben links vom Ende der Piste eine große Zahl igluartiger, meist kleiner und unscheinbarer, aus Lavabrocken geschichteter Bauten zu Tage gefördert; manche wurden restauriert. Es handelt sich um eine Hirtensiedlung, wobei ein Teil der Lavaiglus, die meist nur Kriechhöhe besitzen, wohl nicht als Wohn-, sondern als Vorratsraum und zum Trocknen von Fleisch gedient haben könnte. Der Lavastrom, auf dem die Ziegen der Altkanarier ausreichend Futter fanden, entstand als Ausfluss des Lavafeldes Malpaís Grande bei einer der jüngsten Vulkanismusphasen vor etwa zehntausend Jahren.

Das Fischerdörfchen *Pozo Negro* (»Schwarzer Brunnen«) [115 F1–2] besteht aus kaum mehr als zwei Häuserzeilen an einer Bucht mit einem Strand aus schwarzen Kieseln und dunklem Sand. Drei nette Bar-Restaurantes mit Meeresblick servieren fangfrischen Fisch *(€)*.

BETANCURIA

★ [109 E4] Dies ist der geschichtsträchtigste Ort der Insel. Gegründet wurde er 1405 von dem Normannen Jean de Béthencourt, der die Insel für die kastilische Krone erobert hatte und der neuen Siedlung seinen Namen gab. Hier, in einem fruchtbaren, von hohen Bergen geschützten Tal, fand er die geeignete Stelle für eine Residenz. Er selbst freilich reiste bald weiter; und auch ein Bischof hat hier nie gewohnt, obwohl der Ort den Status einer Bischofsstadt besaß. Um einen Kirchenfürsten zu unterhalten, fehlte es an den finanziellen Voraussetzungen. Das nur über kurvenreiche Bergstraßen erreichbare Städtchen mit seinen knapp 600 Einwohnern erfreut mit einem schönen Ortsbild und restaurierten alten Herrenhäusern. Das Leben ist allerdings stark vom Tourismus geprägt. *Parkplatz am südlichen Ortseingang, von dort Fußpfad Richtung Kirche*

SEHENSWERTES

Convento de San Buenaventura
Im Tal vor dem nördlichen Ortseingang steht die noch recht imposante Ruine der Kirche eines im 17. Jh. errichteten Franziskanerklosters. Seit der 1836 angeordneten Säkularisierung der spanischen Klöster nutzten die Einwohner die Anlage als Steinbruch; daher fehlt zum Beispiel der Kreuzgang. Gegenüber der Kirche steht eine Kapelle. Sie wurde vor eine Grotte im Hang gebaut, in der im 15. Jh. San Diego, ein wundertätiger Missionar, gelebt haben soll.

Kirche

Die heutige, über dem Talgrund aufragende *Iglesia de Santa María* entstand um 1620 als Ersatz für die erste Kathedrale, die gleich nach der Ortsgründung errichtet und 1593 von Piraten zerstört worden war. Der dreischiffige Hallenbau im inseltypischen Mudéjar-Stil (mit Holzdecke)

DIE MITTE UND DER NORDEN

birgt mehrere Altäre, darunter als schönsten den barocken Hauptaltar (1684). In der rechten Nische des linken Altars an der Nordwand (gegenüber vom Eingang) steht ein holzgeschnitztes Bildnis der Santa Catalina. Es gilt als eines der ältesten auf der Insel erhaltenen Kunstwerke. Sehenswert ist auch die Sakristei mit ihrer aufwändig geschnitzten und bemalten Holzdecke *(Zugang links vom Altarraum). Mo–Fr 11–16, Sa 11–15 Uhr jeweils zur vollen Stunde für ca. 25 Min. (im Wechsel mit dem Museo de Arte Sacro), Eintritt 1,20 Euro (inkl. Museum)*

MUSEEN

Casa Santa María

Hinter dem gleichnamigen Restaurant werden die Künste des Stickens, Webens, Flechtens und Töpferns vorgeführt. Sehr schön sind auch der Garten und die Multivisionsschau. Im Vorraum ist bäuerliches Gerät ausgestellt. *Tgl. 11–16 Uhr, letzte Multivision 15.30 Uhr, Eintritt 5 Euro*

Insider Tipp

Museo Arqueológico

Das an der Durchgangsstraße gelegene Haus wird von jenen zwei Kanonen bewacht, die 1740 bei der siegreichen »Schlacht von Tamacite« gegen englische Piraten erbeutet wurden. Drinnen informiert eine Sammlung archäologischer Funde vor allem über die Kultur der Ureinwohner (Beschriftung nur auf Spanisch; eine deutsche Broschüre gibt es an der Kasse). *Di–Sa 10–17, So 11–14 Uhr, Eintritt 1,20 Euro*

Museo de Arte Sacro

Nahe der Kirche befindet sich im alten Pfarrhaus eine kleine Sammlung zeitgenössischer und historischer religiöser Kunst- und Kultgegenstände. *Jeweils zur halben Stunde nach der Kirche, Eintritt 1,50 Euro (inkl. Kirche)*

ESSEN & TRINKEN

Casa/Cafetería Santa María

Die Casa Santa Maria, mehrfach preisgekrönt, ist das stilvollste Restaurant der Insel, ohne dabei übertrieben vornehm zu sein. Vor allem die zwei Innenhöfe sind eine wahre Wonne. Die Küche serviert gehobene kanarische Gerichte. Ein Tipp für Sparsame: *puchero canario*.

Als preisgünstige Alternative serviert die unterhalb gelegene Cafeteria auf großer Terrasse Getränke, Kuchen, Eis und Imbisse. *Abends geschl., am Kirchplatz, Tel. 928 87 82 82, €€€ (Cafetería €)*

EINKAUFEN

In mehreren Läden nahe der Kirche, in der Casa Santa María und im Centro Insular de Artesanía (neben dem Museo de Betancuria) wird das beste und vielseitigste Kunsthandwerkssortiment der Insel geboten. Auch Kaktusmarmelade, Fertig-Mojo u. a. sind zu haben.

ZIELE IN DER UMGEBUNG

Tegú, Mirador Morro Velosa [109 E3]

Von der Passhöhe nördlich der Stadt aus (Haltemöglichkeit) bietet sich ein schöner Blick auf die alte Hauptstadt, vor allem aber in die Weite des Inselnordens. Das Restaurant des oberhalb gelegenen *Mirador Morro Velosa* wartet mal wieder auf einen neuen Pächter.

BETANCURIA

Vega de Río de las Palmas, Stausee und Barranco de las Peñitas [108–109 C–D 4]

Etwa 6 km südlich von Betancuria gelangt man zur wohl schönsten Palmenoase der Insel. Die bäuerliche Siedlung wird auch kurz Vega de Río Palma genannt. Heute werden auf den kleinen Äckern nur noch Kartoffeln und etwas Gemüse angebaut. Die Dorfkirche linker Hand (17. Jh.; *Di–So 11–13, 17–19 Uhr*) birgt das größte Heiligtum der Insel: eine 23 cm kleine Alabasterfigur der Maria mit dem Kinde, der »Virgen de la Peña«, die als älteste Marienfigur auf der Insel wahrscheinlich von dem Eroberer Béthencourt Anfang des 15. Jhs. aus Frankreich mitgebracht wurde. Als Schutzheilige der Insel ist die Jungfrau im September Ziel der größten Inselwallfahrt. Am Kirchplatz bietet das deutsch geführte Restaurant *Don Antonio* mit seinem schönen Innenhof und tagesfrischen, feinen Speisen Wohltat für Leib und Seele *(So, Mi/Do 11–17, Fr/Sa 11 bis 22 Uhr, Tel. 928 87 87 57, €€€)*. `Insider Tipp`

Vom Südende der Oase aus führt eine der schönsten Wanderungen, die die Insel bietet, zur Felsschlucht des ★ *Barranco de las Peñitas*. Man fährt dazu noch ein Stückchen Richtung Pájara, biegt dann von der ansteigenden Hauptstraße nach rechts ins Tal (Wegweiser »Vega de Río Palma«) ab und parkt den Wagen nach 1,3 km, wo die Straße das Bachbett ein zweites Mal überquert. Von dort aus geht es zu Fuß im meist ausgetrockneten Bett weiter talab Richtung Stausee. Nach einer guten Viertelstunde, etwa wo der Tamariskenwald beginnt, verlässt man das Bachbett nach rechts (noch etwas jenseits einer markanten, ebenfalls rechts abzweigenden Piste). Erst oberhalb des Waldes, dann am zugeschwemmten Stausee *Embalse de las Peñitas* entlang, erreichen Sie nach weiteren 10 bis 15 Minuten die Staumauer. Auf der anderen Seite der Mauer senkt sich nun ein Pfad in zwei Kehren in die wildromantische Felsschlucht des Barranco de las Peñitas hinab. Wenige Minuten noch, und Sie erreichen die weiß getünchte Kapelle *Ermita de la Peña,* einen kühlen, stillen Ort der Rast mit einem netten Besucherbuch. Zuweilen, wenn der Wind über die Felsen streicht, ertönt hier ein unheimliches Klagen, wie wenn ein Geisterchor intonierte. Auf demselben Weg geht's zurück. Für die Wanderung braucht man mit einer kleinen Rast knapp anderthalb Stunden. Sie erfordert keine besondere Kondition, stellenweise aber Trittsicherheit.

Stausee Embalse de las Peñitas

DIE MITTE UND DER NORDEN

Ziegenfarm [109 D3–4]
Vom Parkplatz der »Finca de Pepe« geht's durch den Stall zur Käserei (mit Vorführung und Verkauf). *Von der FV 30 gegenüber der Klosterruine 1,6 km bergauf*

CALETA DE FUSTES

[111 D5] An einer sich nach Süden öffnenden Bucht an der Ostküste, nur rund 7 km südlich des Flughafens, ist seit 1980 ein Ferienzentrum entstanden. Es ist heute stark britisch geprägt. An der FV 2 heißt der Ort übrigens Costa Caleta, auf Karten und in Prospekten auch Playa de Castillo, Castillo de Fuste oder El Castillo. Das »Castillo« verweist auf das *Castillo de Fustes*, einen runden Turm aus Naturstein, der um 1740 erbaut wurde und der Abwehr von Seeräubern diente. Heute ist er in das Bungalowhotel *El Castillo* integriert. Ein historischer Ortskern fehlt, doch bieten einige moderne Einkaufszentren mit Speiselokalen und Bars Ersatz, außerdem – großer Vorteil – liegt die Inselhauptstadt in der Nähe (stündliche Busverbindung).

Obwohl Caleta de Fustes nähere Umgebung landschaftlich reizlos ist, expandiert der Ort kräftig: im Süden rund um den Golfplatz und seeseitig ums CC Atlántico mit Großhotels, die den Blick verstellen.

ESSEN & TRINKEN

Im strandnah gelegenen Einkaufszentrum *El Castillo* (beliebter Italiener *La Bodeguita*), ferner im *Castillo Centro*, im *Happy Center* und an der Plaza im Club *El Castillo* findet sich ein buntes, internationales Gaststättenangebot. Den schönsten Platz für einen Imbiss oder einen Kaffee an frischer Luft bieten *El Camarote* und die benachbarte Eisdiele im Hafengebäude.

La Barca del Pescador
Das beste Lokal am Ort: Hummer und Austern frisch aus dem Bassin, hausgemachte Desserts, gute Portionen. *Im Keller des Hotel Castillo San Jorge, tgl. 14–16, 19.30–22.30 Uhr, Tel. 928 16 35 00,* €€€

Frasquita
Serviert wird ausschließlich fangfrischer Fisch: Der Wirt ist an einem Fischkutter beteiligt und präsentiert dem Gast das Angebot des Tages in natura auf einer Platte zum Auswählen. Man speist mit Blick auf Strand und Meer und freut sich an der besten *mojo verde* der Insel. *Mo geschl., am Westende des Strandes, Tel. 928 16 36 57,* €€

Puerto Castillo
Schöner als auf der ✹ Dachterrasse mit See- bzw. Mondblick sitzt man nirgends, und auch das maritime Interieur gefällt. *Nur abends, So geschl., Tel. 928 16 38 77,* €€

EINKAUFEN

Großes, internationales Sortiment in den Einkaufszentren. Samstags ist Markttag: Schnitzereien, Kleidung, Schmuck und vieles mehr *(9–14 Uhr, im Norden nahe der Landstraße).*

ÜBERNACHTEN

Barceló Club El Castillo
Die weitläufige Anlage besteht aus 390 Apartments und Bungalows –

CALETA DE FUSTES

alle mit Balkon oder Terrasse – und liegt unmittelbar am Strand, besitzt eine große Poollandschaft mit Meerwasser, die um den malerischen alten Festungsturm gruppiert ist, Süßwasserbecken (im Winter beheizt), eine Plaza mit Gaststätten und Geschäften, Bars, Cafés, einen Yachthafen, Tennisplätze und Animation. *Tel. 928 16 31 01, Fax 928 16 30 42, elcastillo@barcelo.com,* €€

Barceló Fuerteventura
Karibikflair und Meerblick aus 462 Zimmern, direkten Strandzugang, riesige Pools (einer beheizbar), Minigolf, Tennis, Sauna, Animation für Groß und Klein und allerlei Finessen mehr. *Tel. 928 54 75 17, Fax 928 54 75 25, fuerteventura@barcelo.com,* €€

Elba Palace Golf
Die 61 teuersten Zimmer der Insel; edelstes kanarisches Ambiente. Im Hotel befindet sich der Zugang zum Golfplatz. *Am Westende des Golfplatzes südlich des Ortes, Tel. 928 16 39 22, Fax 928 16 39 23, epg@hotelselba.com,* €€€

FREIZEIT & SPORT

Die Bucht ist ideal für Windsurf-Anfänger. Das *Fanatic Surf Center* bietet entsprechende Kurse *(am Ostende des Strandes)*. Entdeckernaturen gehen zum nahen Hafen: Wer dort einen Bootstörn bucht – sei es mit einem Katamaran, sei es mit dem Halb-U-Boot »Nautilus« – kann vorher oder nachher im *Oceanarium* die Meeresfauna nicht nur betrachten, sondern auch anfassen *(20 Euro)*. Zudem gibt es am Hafen eine Tauchschule, eine zweite im Apartmenthotel Puerta del Sol, ebenda auch einen Fahrrad- und Motorrollerverleih. *Backtrax* organisiert Quadtouren *(im Keller des Hotels Castillo Antigua)*.

Der flache Strand ist besonders für Kinder und Schwimmanfänger geeignet. Kein FKK.

Gesundheitspflege nach allen Regeln der Kunst (Meerwassermassage, Schlammpackungen) bietet das Thalassotherapiezentrum *Thalaventura* am Westende des Strandes.

Golf Club Fuerteventura
Der erste und einzige 18-Loch-Platz der Insel, sogar mit echtem Rasen. *An der Landstraße südlich des Ortes, Zugang durch das Hotel Elba Palace Golf, Tel. 928 16 00 34*

AM ABEND

In allen Einkaufszentren gibt es mehrere muntere Kneipen. Im Hafengebäude bietet *The Cavern* Musik der Sechzigerjahre. Beliebte Bars sind *Havana* und *Tequila (beide auf der Spielplatzseite von Caleta Garden, nördlich vom Centro Castillo)*.

AUSKUNFT

Oficina de Turismo
Neben dem CC (Centro Comercial) Centro Castillo, Tel. 928 16 32 86

ZIELE IN DER UMGEBUNG

Salinas del Carmen und Puerto de la Torre [110 C6]
3 km südlich von Caleta de Fustes gelangen Sie linksab (dann geradeaus) zu den Salzgärten *Salinas del Carmen*, die im Rahmen eines Museumsprojekts weiter betrieben wer-

DIE MITTE UND DER NORDEN

Die Salzgärten von Salinas del Carmen dienen nur noch Museumszwecken

den. Das Besucherzentrum oberhalb der Saline (links) ist noch nicht eröffnet. Blickfang gegenüber ist ein Walfischskelett. Rechts abwärts geht es ins Dörfchen mit dem Restaurant *Los Caracolitos (€)*. Dort ist der Fisch so frisch, wie es die Fischerboote am Strand verheißen. Wer die Piste oberhalb von Las Salinas weiterfährt, gelangt nach *Puerto de la Torre*. Über einem kleinen Kieselstrand erhebt sich hier eine alte Kalkbrennerei. Landeinwärts windet sich das tief eingeschnittene, palmenbestandene Tal des *Barranco de la Torre*.

CORRALEJO

[107 E1] Den Namen dieses vom Tourismus überfluteten einstigen Fischerdorfes, der nördlichsten Siedlung auf Fuerteventura, verbindet man heute vor allem mit dem südöstlich anschließenden, gut 20 km^2 großen Dünengebiet *El Jable* **[107 E2–3]**, das nahtlos in den Strand übergeht. Die Surf- und Tauchbegeisterten denken bei »Corralejo« an das Wassersportrevier, das die Meerenge *El Río* **[107 E–F1]** zwischen Corralejo und der kleinen Insel Los Lobos bildet. Dünen und Meerenge sind der Hauptgrund dafür, dass sich Corralejo nach der Halbinsel Jandía zum zweitwichtigsten Feriengebiet auf Fuerteventura entwickelt hat. Ein »Dorf«, wie es viele Prospekte nennen, ist Corralejo längst nicht mehr. Doch das ist kein Manko: Corralejo ist so bunt, vielfältig und international wie keine andere Siedlung auf Fuerteventura. Dennoch hat sich der Ort an manchen Ecken noch einen gewissen Charme bewahrt.

Corralejo wurde erst im 19. Jh. gegründet. Noch 1940 bestand das Fischerdörfchen aus ganzen zwölf Häusern. Die erste Apartmentanlage, *Hoplaco*, eröffneten Belgier 1967. Damals gab es im Ort weder elektrischen Strom noch Wasserleitungen. Dies änderte sich erst An-

CORRALEJO

Düne frei für Ihren Auftritt: Sandgebirge El Jable bei Corralejo

fang bis Mitte der 1970er-Jahre. Dann setzte, verstärkt ab 1980, der große Bauboom ein. Mit der neu gestalteten Hauptstraße und der Fußgängerzone ist ein urbaner Mittelpunkt entstanden, in dem allabendlich zünftiger Ferientrubel herrscht. Mehr spontan als geplant hat sich am Wasser eine Promenade herausgebildet, an der man essen und trinken kann. Statuen an der kleinen Mole ehren die Seeleute von Corralejo, die sich in schwierigen Zeiten um die Entwicklung des Ortes verdient machten.

Bootsausflüge, z. B. auch mit den Glasbodenbooten »Nautilus« und »Celia Cruz« bieten eine schöne Abwechslung (siehe auch Kapitel »Mit Kindern reisen«).

Glücklicherweise war die Gemeinde so klug, keine mehrstöckigen Großhotels zu genehmigen; die außerhalb in den Dünen liegenden Blöcke von Tres Islas und Oliva Beach blieben die einzigen Sündenfälle.

Neben den Playas de Sotavento im Süden sind die ★ *Wanderdünen El Jable* das größte Glanzlicht der Insel. Diese vom Nordostpassat unablässig in Bewegung gehaltenen weißen Sandberge bilden mit ihren von typischer Flora begrünten Tälern und seltenen Tieren ein kostbares Ökosystem. Seit 1982 steht es unter Naturschutz, doch da war ein Teil seines Nordsaums schon bebaut. Die Verlockung, durch Baugenehmigungen am Rande der Dünen die Gemeindekasse zu füllen, war für die Gemeindeväter von La Oliva, zu deren Sprengel Corralejo gehört, lange Zeit unwiderstehlich. Immerhin ist geplant, die 1975 mitten durch die Dünen asphaltierte Landstraße zur Verbesserung des Naturschutzes wieder zu schließen. Beachten Sie, dass das Fahren in den Dünen streng bestraft wird.

ESSEN & TRINKEN

Im Bereich von Plaza, Fußgängerzone und Hauptstraße gibt es eine reiche Auswahl an internationaler Küche – bis hin zu indischen und

DIE MITTE UND DER NORDEN

chinesischen Restaurants. Tagsüber sitzt man am schönsten an der inoffiziellen Uferpromenade. Allerdings ist es dort sehr touristisch – die Preise liegen höher als im »Hinterland«, und die Qualität wie auch der Service sind meistens schlechter. Das *Marquesina* an der kleinen Mole, jahrelang kulinarisch führend, leidet unter seiner Größe, obwohl die Küche noch recht anständig ist. Fleischliebhaber lockt *El Sombrero* am Nordende der Uferpromenade mit am Tisch zubereiteten Grillgerichten, schönem kanarischem Ambiente und netter Bedienung *(nur abends, Mi geschl., Tel. 928 86 75 31, €€)*. Auf der Rückseite des Blocks bietet sich das *Café Antiguo del Puerto* als preisgünstiges Tapaslokal an. Den besten Kaffee bekommen Sie im Ambaradam *(CC Cactus, am Anfang der Avda. de las Grandes Playas)*. Dort gibt es ab 8.30 Uhr Frühstück und den ganzen Tag über Crêpes, belegte Brote und allerlei Gebäck. Wegen seines Meerblicks und guter Imbisse beliebt ist das *Café Latino* an der Promenade *(nahe El Sombrero)*.

Insider Tipp

El Andaluz
Manolo (am Herd) und seine deutsche Frau Birgit (als Kellnerin) haben Corralejo das feinste Lokal für Genießer geschenkt. Aber Achtung: Es gibt nur sieben Tische, das heißt: zeitig reservieren! *Nur abends, Mi geschl., C. La Ballena 5, Tel. 676 70 58 78, €€*

Avenida
Hier gibt es in schlichtem Ambiente die größten Fischportionen fürs Geld. Laut ist es und eng, aber großartig. Wer nach 19 Uhr kommt, muss häufig anstehen. *Mo geschl., C. Pizarro/Ecke General Prim (nahe Bristol Playa), Tel. 928 86 71 45, €–€€*

Los Pepes
Gegenüber vom *El Andaluz:* ebenso klein, ebenso freundlich. Konrad kocht, seine schottische Frau Vivienne serviert. Wer den vom Vorwirt geerbten missglückten Dekor übersieht, speist hier ebenfalls vorzüglich. *Nur abends, Mo geschl., C. La Ballena, Tel. 928 86 73 02, €€*

La Scarpetta
Ein kleiner Italiener mit wenigen Tischen und ruhiger Terrasse. Die besten Sachen stehen auf der Tageskarte. Nicht den exzellenten Espresso versäumen! *Nur abends, CC La Menara (mit dem Glockenturm), Tel. 928 53 58 87, €€*

Tio Bernabé
Beliebtes Lokal in der Fußgängerzone: kanarische Gerichte, darunter frischer Fisch, am Wochenende untermalt mit kanarischer Livemusik. Auch vegetarische Speisen. *C. La Iglesia 17, Tel. 928 53 58 95, €€*

EINKAUFEN

An der *Avenida Generalísimo Franco,* der Hauptstraße, gibt es beinahe alles, aber die Preise sind eher hoch. Im *Deportes Chacón*, dem größten Sportgeschäft am Ort, finden Sie u. a. Angel- und Wanderzubehör, Sportkleidung, Schnorchel, und Mountainbikes *(Hausnr. 72)*. Die *Galería Canaria* nebenan im Keller führt neben ein paar nützlichen Dingen eine derartige Fülle an kuriosem Schnickschnack, dass der Laden schon als Sehenswürdigkeit gelten kann.

La Tienda (Inhaber: Josef Haberl), das beste Tabakgeschäft der Insel, hat

Insider Tipp

CORRALEJO

nicht nur feine Havanna-Zigarren, sondern auch exquisiten Alkohol, darunter ein paar Flaschen des äußerst raren Fuerteventura-Weins *(C. José Segura Torres 3)*. Bei Zigarillos ist der *America Shop* oft preisgünstiger *(Avda. Generalísimo Franco, nördlich vom Hoplaco)*.

Die Galerie *La Fuentita (am Beginn der Fußgängerzone)* führt das beste Kunst- und Kunsthandwerkssortiment am Ort.

Betörende Düfte, schöne Naturschwämme, Damenkleidung und Handtaschen finden Sie im *Mystic* an der Promenade *(beim Restaurant El Sombrero)*.

Ein Spezialist für Surfausrüstung ist *Paradise, C. General García Escamez/Ecke C. General Linares*.

Für den täglichen Bedarf – vor allem Lebensmittel – kaufen Sie am billigsten im gut sortierten Supermarkt *Hiper Dino, C. Pizarro/Ecke General García Escamez*.

Montags und freitags findet ein – vorwiegend afrikanischer – *Flohmarkt* statt: Gürtel, Billigarmbanduhren, Trommeln, Schnitzereien, T-Shirts, gestickte Tischdecken, Zopfflechter. Hier sollten Sie feilschen *(9–13 Uhr, an der Hauptstraße auf dem Baku-Gelände)*.

ÜBERNACHTEN

Atlantis Bahia Real
Der neue Gipfel des Luxus auf der Insel. 80 der 250 Zimmer sind Suiten von bis zu 160 m² Größe. Der Stolz des Hauses sind die fünf Restaurants, die Pools sowie die 3000 m² große Wellnesslandschaft mit allen Schikanen. Da es außerhalb nicht schöner sein kann, gibt es keinen Strandzugang, obwohl das Haus direkt am Ufer liegt. *Ostende der Avda. de las Grandes Playas, Tel. 928 53 64 44, Fax 928 53 75 75, www.atlantisbahiareal.com,* €€€

DIE MITTE UND DER NORDEN

Atlantis Palace
Vier-Sterne-Haus: zentral, strandnah und viel gelobt. 228 Zimmer, manche mit Meerblick. Tennisplätze, Pools im Winter beheizt. *Avda. de las Grandes Playas 12, Tel. 928 53 60 50, Fax 928 53 53 67, www.atlantishotels.com, €€€*

Los Barqueros
Zweigeschossige Bauten umschließen einen schattigen Garten mit großem Pool, der Ortsstrand ist nur eine Minute entfernt, und ins Stadtzentrum ist es auch nicht viel weiter. Familienfreundlich. Einige der 80 Apartments gehen nicht zum Pool hinaus und sind daher ruhiger. *Avda. Generalísimo Franco, Tel. 928 53 52 51, Fax 928 53 54 91, €€*

La Cabaña
Fünf Apartments zu Sozialpreisen. Morgens verwöhnt Wirtin Helga ihre Gäste mit frischen Brötchen. Nur direkt buchbar; *C. Nuestra Señora del Pino 14, Tel./Fax 928 53 50 39, € (ohne Verpflegung)*

Hoplaco
Die älteste Apartmentanlage von Corralejo glänzt durch ihre günstige Lage: zentral und doch direkt am Strand. *20 Wohnungen, nur direkt buchbar, Avda. Generalísimo Franco, Tel./Fax 928 86 60 40, € (ohne Verpflegung)*

Lobos Bahia Club
Sehr familienfreundliches Aparthotel mit 308 Apartments, alle mit Küche und Terrasse oder Balkon, großes Animationsangebot für Alt und Jung, drei Schwimmbecken (eins mit Salzwasser, zusammen üppige 2300 m^2), Tennis, Squash, Minigolf, Fahrradverleih. *C. Gran Canaria 2, Tel. 928 86 71 43, Fax 928 86 66 84, http://lobosbahiaclub.com, €€*

Riu Oliva Beach/Riu Tres Islas
Mit Meerblick mittten in den Dünen wohnen – das hat was! Genehmigungsfähig wäre so etwas heute nicht mehr. Das *Oliva Beach (401 Zi., »all inclusive«)* ist frisch renoviert, das teurere *Tres Islas (365 Zi.)* hat den schöneren Garten. Beide bieten reichlich Animation und Sport. *Oliva Beach: Tel. 928 53 53 34, Fax 928 86 61 54; Tres Islas: Tel. 928 53 57 00, Fax 928 53 58 58, beide www.riu.com, €€€*

FREIZEIT & SPORT

Angeln und Bootstouren
Hochseeangeltouren ab Hafen, z. B. mit dem Katamaran »Barvik«. Die Kosten liegen bei 45 Euro (Zuschauer 40 Euro), jeweils inklusive Imbiss und Getränke. Anmeldung: *Tel. 676 40 76 40.*

Ein Törn im Halb-U-Boot »Yellow Submarine« lässt unten sehen, was andere oben angeln *(stündlich 9.30–16.30 Uhr ab Hafen).*

Baku
»Freizeit- und Kulturzentrum« nennt sich das größte Tourismusprojekt am Ort. Es umfasst eine Badelandschaft mit Rutsche, Minigolf, Spielgeräte, einen Zoo, ein Restaurant, eine Bowlingbahn und einiges mehr. *Tgl. 10–17 Uhr, Eintritt 18 Euro, rechts der südlichen Ortseinfahrt*

Fahrrad/Motorrad fahren
Führender Fahrradvermieter ist *Vulcano Biking (C. Acorazado España 12, Tel. 639 73 87 43)*, ein weiterer *Fuertebike (C. Crucero Lanza-*

CORRALEJO

rote 39, Tel. 928 86 76 83). *Vulcano Biking* bietet zudem geführte Radtouren. Auch etliche Apartmentanlagen und Hotels halten für ihre Gäste Mieträder bereit.

Fuerte Adventure bietet Ausflüge auf den witzigen Quads, Vierrad-Motorrädern. *C. Acorazado España 14, Tel. 660 09 96 94*

Jetski
Für die »Wassermotorräder« gelten eingeschränkte Nutzungszeiten. *Ab Steg am Hafen*

Segeln
Mitfahren können Sie ab Corralejo-Hafen z. B. per Katamaran bis vor die Südküste von Lanzarote *(Tel. 609 66 72 46)*.

Strände
Unter *Playa de Corralejo* wird nicht der kleine Ortsstrand, sondern der knapp 5 km weiter südöstlich bei den Hotels *Tres Islas* und *Oliva Beach* gelegene Dünenstrand verstanden. Ein Stück südlich der Hotels, wo die Straße noch nicht in Strandnähe verläuft, befindet sich ein beliebtes FKK-Revier. Beachten Sie die Signalfahnen: Bei Rot ist das Baden wegen zu starker Strömung verboten, bei Gelb sollten Sie in Ufernähe bleiben.

Tauchen
Die Besichtigung der Unterwasserwelt von Corralejo wird ermöglicht durch das *Dive Center Corralejo, C. Nuestra Señora del Pino (nahe Dunas Club), Tel. 928 53 59 06*, die Tauchschule *Punta Amanay, C. El Pulpu 5 (Dunas Club), Tel. 656 44 76 57*, und das *Atlantico Dive Center, Avda. de las Grandes Playas 72, Tel. 928 86 65 39*.

Tennis
Das *Tenniscenter Hai-Spin* bietet windgeschützte Quarzsandplätze beim Hotel *Duna Park*. Buchung

An den ausgedehnten Stränden bei Corralejo wird es selten eng

DIE MITTE UND DER NORDEN

im *Hotel Duna Park, Avda. Generalísimo Franco.*

Wellenreiten
Echtes Surfen bringt man Ihnen in der Surfschule *Matador* bei (ab ca. 120 Euro); *C. Palangre 1, Tel. 928 86 73 07.*

Windsurfen
Für Anfänger ist die kleine Bucht des Ortsstrandes günstig; dort befindet sich auch die Surfschule *Ventura Surf* mit Brettverleih *(Tel. 928 86 62 95).* 200 m nördlich vom Hotel Tres Islas liegt das *Flag Beach Windsurf Center*, das auch Drachensurfen anbietet *(Tel. 928 86 63 89).*

AM ABEND

Beliebt ist die *Plaza Felix Estévez González* in der Fußgängerzone, wo abends Musiker aufspielen und man trinken und speisen kann. Fest in britischer Hand sind die Bars im Centro Atlántico, wo vor allem in *Festers Sports and Fun Bar* der Bär tobt.

Bounty
🏃 Samstagnacht Ziel für alle Salsafans, vor allem Spanier. *Avda. Generalísimo Franco (gegenüber vom Hotel Duna Park)*

Rock Café
Der Treffpunkt für passionierte Nachtschwärmer – nicht nur für die jungen; mit Terrasse. *Avda. Generalísimo Franco, gegenüber vom Hotel Duna Park*

Die Schaukel/Seepferdchen
Die zwei benachbarten Kneipen sind ruhige Treffpunkte deutscher Gäste, beide mit Freisitz. *An der Plaza Pública*

Waikiki
Ein schöner Ort für einen ruhigen Cocktail an frischer Luft, samstags auch Disko. *C. Aristides Hernández Morán (am Strand)*

Wintergarten
Was den Briten ihre *sports bar*, ist den Deutschen diese nette Kneipe: samstags und sonntags mit Fußball-Bundesliga. *C. Aristides Hernández Morán*

AUSKUNFT

Oficina de turismo
Plaza Pública, Tel. 928 86 62 35, Fax 928 86 61 86

ZIELE IN DER UMGEBUNG

Lanzarote
Die wegen ihrer Naturwunder bekannte Insel kann man von Corralejo aus sehen. Mehrmals täglich verkehren von der großen Mole aus Fährschiffe. Die Überfahrt dauert mit der normalen Fähre 25, mit dem Großkatamaran 12 Minuten. Die Fähren nehmen auch Autos mit, doch Mietwagenverträge untersagen meist den Transport auf eine andere Insel. Über die Reisebüros in der Hauptstraße können Sie auch geführte Ganztagsausflüge buchen. *Ausführliche Hinweise finden Sie im MARCO POLO Reiseführer »Lanzarote«.*

Lobos [107 F1]
Jeden Morgen fährt die kleine Fähre »Isla de Lobos« hinüber zu dem nur 6 km^2 großen, seit 1982 unter Naturschutz stehenden, autofreien Eiland. Der volle Name »Isla de los Lobos« bedeutet »Robbeninsel«, doch Robben gibt es hier schon

COTILLO

lange nicht mehr. Überlegungen, die Insel völlig für Besucher zu sperren und die vom Aussterben bedrohten Mönchsrobben neu anzusiedeln, wurden aufgegeben, da der Tourismus mit Surfern, Fährschiffen usw. immer noch zuviel Unruhe ins Umfeld der Insel brächte.

Für die Besucher jedenfalls bietet das Eiland Stille und Einsamkeit genug. Von der Mole nach links gelangt man zu einer flachen Badebucht und einem 127 m hohen Vulkanrest. Auf den Hauptwegen wandert man zum Nordkap (Leuchtturm) und zurück in zwei bis drei Stunden. In dem winzigen Fischerdorf – von der Mole nach rechts – erhält man zu trinken und zu essen, am besten vor Vorbestellung gleich nach der Ankunft bei *Antonio*. Nehmen Sie zum Wandern und Baden Proviant, vor allem Wasser, mit, und entsorgen Sie Ihre Abfälle bitte in Corralejo. *Hinfahrt um 10.15 Uhr, Rückfahrt gegen 16.30 Uhr, Preis 7,50 Euro, Überfahrt auch mit anderen Booten möglich*

La Rosita [107 D3]
Das private Bauernmuseum auf dem Gelände einer früheren Tabakpflanzung erfreut mit seinem Tierbestand – Hühner, Ziegen, Schafe, Puter, Tauben und Kamele – sowie mit seinem guten Laden, in dem Sie u. a. Marmelade, Palmsirup und Literatur zu den Kanarischen Inseln erhalten. Interessant sind auch die historischen Fotos. Sehen Sie zu, dass Ihnen der Chef die Ausstellungsstücke erklärt (auf Englisch oder Spanisch), dann erwachen die Gerätschaften – z. B. zur Käseherstellung – richtig zum Leben. *An der FV 101, jenseits des Abzweigs nach Lajares auf der rechten Seite (Hinweisschild), Mo–Sa 10–18 Uhr, Eintritt 5 Euro, mit Kamelritt 11 Euro*

COTILLO

[106 B2] Dieses animationsfreie Fischerdorf im Nordwesten der Insel ist etwas für ruhebedürftige Individualisten. Der Ort sieht etwa so aus wie Corralejo vor zwanzig Jahren. Es gibt einige Ferienwohnungen und eine Anzahl Restaurants, die auch auf ausländische Gäste eingestellt sind, aber noch wirkt El Cotillo, so der volle Name, etwas weltfern und verschlafen. Das Dorf idyllisch zu nennen wäre geschmeichelt, dennoch ist es gerade die etwas raue Schlichtheit, die vielen gefällt. Riesige Bauprojekte nördlich des Ortes kündigen jedoch bereits ein neues Zeitalter an.

Cotillos Geschichte geht bis ins 17. Jh. zurück, als der Ort als Handelshafen fungierte. Zu seinem Schutz wurde im Jahr 1743 der am südlichen Ortsrand beim neuen Hafen erhaltene Wehrturm *Castillo de Tostón* erbaut, zeitgleich mit seinem Schwesterturm in Caleta de Fustes. Da aber war die Zeit der gefürchteten Piratenüberfälle praktisch schon vorbei, dramatische Heldengeschichten hat das alte Gemäuer also nicht zu erzählen. Heute finden hier wechselnde Kunstausstellungen statt. Als weitere Zeugen der Geschichte berichten nahe gelegene alte Kalköfen von El Cotillos einstiger wirtschaftlicher Bedeutung.

Der alte Hafen war – und ist – von See her schwer zu erreichen, da ein vorgelagertes Riff, das die Dünung bricht, nur einen engen

DIE MITTE UND DER NORDEN

Hier ist Tourismus noch Nebensache: Fischerboote im Hafen von Cotillo

Durchlass gewährt. Seemännische Steuerkünste und Gottvertrauen sind nötig, und so gewinnt die große Aufschrift auf der Felswand am Hafen ihren eigentlichen Sinn. »Viva la Virgen del Buen Viaje« steht dort: Es lebe die heilige Jungfrau der guten Reise.

Die heiklen Wind- und Wasserverhältnisse mögen auch dazu beigetragen haben, dass El Cotillo mit dem Aufstieg von Puerto del Rosario seine Bedeutung völlig verlor. 1936 lebten hier nur noch rund 30 Menschen – ausnahmslos vom Fischfang, denn der chronische Wassermangel ließ praktisch keine Landwirtschaft zu.

Kommen Sie mit dem Pkw über die Landstraße, sollten Sie geradeaus in den Ort hineinfahren. Fahren Sie kurz vor dem Ortsende linksab, gelangen Sie zum Festungsturm, zu den Kalköfen, zum neuen Hafen, zu mehreren Restaurants und zum großen Strand. Biegen Sie kurz vorm Ende nach rechts ab, so kommen Sie zum alten Hafen mit weiteren Lokalen – Cotillos urigster Ecke. Möchten Sie zu den kleinen Badebuchten und zur Punta de Tostón, folgen Sie der im Ort zweimal nach schräg rechts abknickenden Hauptstraße.

ESSEN & TRINKEN

In Cotillo kommen Fischliebhaber auf ihre Kosten. Am Wochenende reisen die Leute sogar aus Puerto del Rosario an, um in einem der hiesigen Bar-Restaurantes zu speisen. Die meisten liegen nahe beim alten und beim neuen Hafen. Beliebt für Kaffee und Kuchen: die deutsche Bäckerei *Los Cabezones* (C. León y Castillo, am nördlichen Ortsrand, Mo geschl.). `Insider Tipp`

Azzurro
Italienische Alternative, rechts der an den Badebuchten im Norden entlangführenden Straße unübersehbar. Terrasse mit Meerblick, vor allem beim Sonnenuntergang eine Wonne. Gute Pasta- und Fischgerichte, selbst gemachte Desserts. *Mo geschl., Tel. 928 17 53 60, €€*

COTILLO

La Vaca Azul
»Die blaue Kuh« am alten Hafen ist ebenso beliebt wegen der Terrassen mit Meerblick wie für den frischen Fisch, nach dem Sie fragen sollten. Ansonsten finden Sie auf der Karte neben dem Üblichen auch sieben Pizzasorten. *Tel. 928 53 86 85,* €€

ÜBERNACHTEN

Cotillo Lagos
Der Name verrät, wo man wohnt: direkt an den Badebuchten, den *Lagos de Cotillo* nördlich des Ortes. 161 Studios und Apartments bieten sehr preisgünstige Erholung für Ruhebedürftige. *Tel. 928 17 53 88, Fax 928 17 53 89,* €

Juan Benítez Apartamentos
Die am südlichen Ortsrand abseits der Hauptstraße gelegene kleine Anlage enthält neun geräumige, Ferienwohnungen in moderner Ausstattung mit Balkon oder Terrasse. Schöner Meerblick, Pool. *Nur direkt buchbar, C. la Caleta 10, Tel./Fax 928 53 85 03, juanbenitez7@hotmail.com,* €€ *(ohne Verpflegung)*

FREIZEIT & SPORT

Der Strand südlich von Cotillo und die kräftige Brandung locken Badegäste an, denen ruhiges Wasser zu langweilig ist, vor allem Fun-Board-Spezialisten und Wellenreiter. Für weniger sichere Schwimmer und Surfer sind die Verhältnisse allerdings nicht geeignet, zumal an vielen Stellen flache Felsen im Wasser anstehen. In den von Riffen geschützten kleinen Buchten nördlich des Ortes, den *Playas de los Lagos*, ist das Wasser stets ruhig. Dort können auch Kinder gefahrlos baden.

Surfbretter verleiht der *Onit Surf Shop (C. 3 de Abril 1979)*, der auch Sportkleidung führt.

ZIELE IN DER UMGEBUNG

Lajares [106 C2]
Den kleinen, 8 km vor El Cotillo gelegenen Weiler passiert jeder, der von Corralejo aus Richtung Cotillo über die Landstraße kommt. Bekannt ist der Ort durch die *Stickereischule von Natividad Hernández López* und das Kunsthandwerksgeschäft *Artesanía Lajares* (in Richtung Corralejo rechter Hand gelegen). Dort werden nicht nur die berühmten Stickereien, sondern auch traditionelle Töpferwaren und anderes Kunsthandwerk der Insel verkauft. Besucher können auch das Entstehen der Durchbruchstickereien verfolgen. Ein beliebtes Fotomotiv in Lajares ist die dreistöckige *Windmühle* an der alten Straße nach Oliva (Wegweiser »Ermitá«). Schräg gegenüber steht die auffällige Holzkonstruktion einer weiteren Mühle. *Los Pinchitos* – »die Spießchen« – nennt sich die Dorfgaststätte, die für ihre guten Ziegenfleischgerichte bekannt ist *(rechts der Straße Richtung Corralejo, Mi geschl.,* €*)*.

Was entsteht, wenn ein deutscher Gourmetkoch auf den Kanaren ein Landgasthaus eröffnet? *El Patio de Lajares* zeigt's: ein Reiseziel vor allem für Liebhaber edelster französischer Tropfen – mit dem Vorteil, dass nach den Genüssen schon das Bett in einem der sechs Gästezimmer wartet. Zum Speisen (abends erst ab 20 Uhr!) wird Reservierung erbeten *(Mo/Di geschl., an der alten Landstraße von Lajares Richtung Cotillo, Tel. 650 13 40 30,*

Inside Tipp

DIE MITTE UND DER NORDEN

Fax 609 65 63 79, www.patio-lajares.com, €€€).

insider tipp

Im 🏃 *El Point* vergnügt sich abends die Surferszene von Corralejo und Cotillo bei Surfvideos, Fruchtsäften und Imbissen aus dem Tandooriherd; dazu gibt es ein-, zweimal pro Woche Musik – mal vom DJ, mal live *(nahe der Ortsausfahrt Richtung Corralejo rechter Hand).*

Bemerkenswert in der Gegend sind die bis zu mannshohen Mauern aus lose geschichteten Lavabrocken. Die derart umfriedeten Grundstücke aber sind vielfach selbst nur wieder mit faust- bis kopfgroßen Lavabrocken bedeckt. Während diese wegen ihrer Wasser anziehenden Wirkung ausgelegt wurden, sollten die Schutzmauern die Ziegen von den hier einst angebauten Nutzpflanzen fernhalten, wobei nicht etwa die Ackerknechte der allmächtigen Grundherren, sondern die Ziegenhalter zum Bau der Mauern verpflichtet wurden. Heute werden die Felder nicht mehr bestellt.

Punta de Tostón [106 B1]

Von Cotillo führt eine Stichstraße an den weißsandigen Badebuchten (und großen Baustellen) der *Playas de los Lagos* vorbei zum 4 km entfernten Nordwestkap mit seinen Leuchttürmen aus drei Generationen. Über eine Piste kann man weiter nach Corralejo fahren.

OLIVA

[106 C4] Die Kleinstadt mitten im Inselnorden ist das Zentrum einer traditionellen Ackerbauregion. Von hier aus wird der Inselnorden ver-

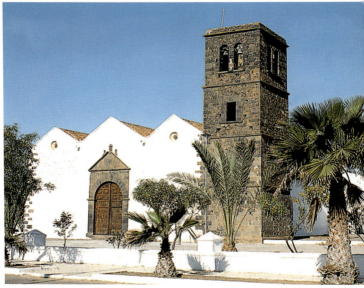

Die imposante, dreischiffige Kirche von Oliva ist die zweitgrößte der Insel

OLIVA

Skulptur im Garten der Casa Mané, des Centro de Arte Canario

waltet. Im Ort stehen zwei wichtige Gebäude: die *Kirche*, ein mächtiger, dreischiffiger, weißer Bau (um 1711 errichtet) mit einem Turm aus dunklem Naturstein, innen ein barocker Marienaltar und ein Kanzel, die Bildnisse der vier Evangelisten zeigt *(keine festen Öffnungszeiten)*, und die südöstlich der Kirche am Ortsrand gelegene *Casa de los Coroneles* (»Haus der Obristen«), das bedeutendste profane Bauwerk der Inselgeschichte. Diese im Grundriss fast quadratische, zweigeschossige Residenz mit zinnenbewehrten Ecktürmen und vierzig Räumen entstand im 17. Jh. als Herrensitz. Anfang des 18. Jhs., nach dem Machtverfall der *señores*, zog die Militärverwaltung ein (daher der heutige Name). Schön geschnitzte Balkone aus Pinienholz schmücken die symmetrische Fassade; um den Innenhof läuft im Obergeschoss eine hölzerne Galerie. Der Legende nach hat das Gebäude 365 Fenster, doch in Wirklichkeit ist die Zahl kaum ein Fünftel so groß. Demnächst entsteht in den Räumen ein Museum zur Inselgeschichte, zurzeit ist wegen Restaurierung geschlossen.

MUSEEN

Casa de la Cilla
Die ehemalige Zehntscheune der Gemeinde wurde als Getreide- und Ackergerätemuseum hergerichtet. Texte, die an der Rezeption auch auf Deutsch vorliegen, sowie Ackergerät und historische Fotos geben einen Einblick in die Insellandwirtschaft. *An der Straße Richtung Cotillo linker Hand, Di–Fr, So 9.30 bis 14, 14.30–17.30 Uhr (schließt oft vorzeitig!), Eintritt 1,20 Euro*

Centro de Arte Canario
★ Die Casa Mané und zwei unterirdische Ausstellungsgänge formen ein ungewöhnliches Forum anspruchsvoller kanarischer Gegenwartskunst. Den Hof dieses Kunst-

DIE MITTE UND DER NORDEN

zentrums schmücken Skulpturen, von denen einige die alte Sage vom Riesen Mahón nachstellen. Zwei große Mobiles stellen den Riesen und sein abgetrenntes Glied dar. *Vor der Casa de Los Coroneles, Mo–Sa 10–17 Uhr, Eintritt 4 Euro*

ÜBERNACHTEN

Villa Volcana

insider Tipp

Am Nordhang des Vulkans Monte Arena (»Sandberg«), westlich des Vororts Villaverde steht ein kleines Haus mit vier Apartments, von denen zwei den besten Sofa-Fernblick der ganzen Insel haben. Schönes Interieur. Etwas für Ruhesuchende. Deutsche Wirtin. *Nur direkt zu buchen über Tel./Fax 928 86 86 90 oder Tel. 608 92 83 80, € (ohne Verpflegung)*

ZIELE IN DER UMGEBUNG

Tindaya [106 B4]

Die von La Oliva nach Südwesten führende Hauptstraße passiert nach etwa 5 km den rechter Hand liegenden *Berg Tindaya*. Der knapp 400 m hohe Vulkanrest, der aus dem marmorartigen Ergussgestein Trachyt besteht, ist durch Eisenoxide rot gefärbt. Die Altkanarier verehrten den Berg als heilig und hinterließen auf ihm über einhundert schematisierte Ritzzeichnungen von Füßen, die in Bezug stehen zur Position der Sonne zur Winter- und zur Sommersonnenwende sowie zu bestimmten Positionen von Mond und Venus. Der Berggipfel scheint mithin als Observatorium sowie als Zentrum eines Sonnenkultes gedient zu haben. Der Berg wurde daher 1994 zum Naturdenkmal erklärt. Obwohl seine historische Bedeutung schon vorher bekannt war, begann eine Firma 1991, ihn als Steinbruch zu nutzen. Die Arbeiten wurden später zwar eingestellt, die an der Flanke gerissene Wunde zeugt aber weiterhin vom hiesigen politischen Filz, dem der Schutz von Natur und Geschichte ziemlich gleichgültig ist, sobald sich aus einer Sache irgendwelche Einnahmen schlagen lassen.

Fehlinvestitionen

Über den sorglosen Umgang mit öffentlichen Geldern

Die enormen Tourismuseinnahmen mancher Inselgemeinden haben die Sitten verdorben. Nirgends ist dies so augenfällig wie in La Oliva. Während der Bürgermeister mit einem prachtvollen, doch kaum genutzten Freibad das Wahlvolk betörte und seine Wiederwahl sicherte, verfällt die Casa del Inglés, ein stattliches Herrenhaus an der Ortsausfahrt nach Corralejo, immer mehr zur Ruine. Auch Investitionen in den Tourismus waren nicht immer glücklich. So baute die Gemeinde La Antigua für die ins Niemandsland platzierte Siedlung Nuevo Horizonte ein aufwändiges Schwimmbad. Es ist seit Jahren außer Betrieb, da die Gäste lieber im Meer oder im Hotelpool baden.

Unfreiwilliges Exil

Vor noch nicht allzu langer Zeit war das Urlaubsparadies ein Verbannungsort

Die fernab gelegenen Kanarischen Inseln, besonders Hierro und Fuerteventura, waren für Spanien bis ins 20. Jh., was Australien einmal für die Engländer war: Abschiebeort für kriminelle und aufrührerische Gestalten. Aus dieser Entfernung konnten sie nicht mehr lästig werden.

Und so war Miguel de Unamuno (1864–1936), jener bedeutende spanische Dichter und Philosoph, der die Insel Fuerteventura in dem Buch »De Fuerteventura a París« literarisch verewigt hat, keineswegs der Einzige, der von der spanischen Regierung hierher verbannt wurde. Ihn traf es 1924 wegen seiner Gegnerschaft zur Militärdiktatur Primo de Riveras. Zu Zeiten der Republik nahm die Insel den Anarchisten Buenaventura Durruti auf, unter Franco die Spitzen der ihm unbequemen Opposition. Nicht alle werden Fuerteventura wie Unamuno als »Oase in der Wüste der Zivilisation« erlebt haben. Und schließlich hat selbst Unamuno seine Flucht von der Insel organisiert. Immerhin wurde ihm an einsamer Stelle ein Denkmal errichtet.

Viel Staub aufgewirbelt hat der Vorschlag des Bildhauers Eduardo Chillida (1924–2002), den Berg zu einem riesigen Kunstwerk umzugestalten. Chillidas Plan sieht vor, einen 50 x 50 x 50 m großen Hohlraum in den Berg zu hauen und von dort aus zwei senkrechte Schächte und einen waagerechten Tunnel derart ins Freie zu führen, dass die Bezüge des Berges zu Himmel und Meer auf neue Weise erlebbar werden. Die Inselregierung hat Proteste von Umwelt- und Denkmalschützern ignoriert, die Ausführung des Plans beschlossen und einem Baukonsortium für die Erkundung der technischen Realisierbarkeit 11,8 Mio. Euro gezahlt. Doch passiert ist nichts, das Geld ist verschwunden. Man darf gespannt sein, wie sich der Skandal weiter entwickelt. Derzeit wird eine neue Machbarkeitsstudie erstellt. Ein Besteigen des Berges ist nicht gestattet.

Ein Stück weiter die Landstraße entlang, sehen Sie gegenüber, am Berghang der Montaña Quemada **[106 B5]**, über einer langen, weißen Mauer ein Standbild des Dichters, Philosophen und Franco-Gegners Miguel de Unamuno. Er ist der berühmteste spanische Literat, der je über die Insel schrieb – allerdings kam er hierzu eher unfreiwillig, denn er wurde 1924 von der spanischen Regierung hierher verbannt.

Vallebrón [106 C4–5]

In diesem abseits der Verkehrswege gelegenen, stillen Hochtal mit seinem kleinen Kirchdorf hat sich noch mehr als anderswo traditioneller Ackerbau erhalten – dank

DIE MITTE UND DER NORDEN

der hier etwas reichlicher als sonst fallenden Niederschläge. Zwischen den Feldern wachsen Johannisbrot- und Feigenbäume. Das Tal ist Landschaftsschutzgebiet.

PÁJARA

[108 C5] Der recht gepflegt wirkende Weiler liegt in einem tiefen Tal. Die umgebenden, bis 600 m hoch aufragenden Berge halten die ausdörrenden Winde ab, und Schatten spendendes Grün erfreut das Auge. Der gesamte Südwesten der Insel wird von Pájara aus verwaltet, und man spürt den Wohlstand, den der Tourismus dieser Region gebracht hat. Er zeigt sich unter anderem in dem modernen Rathaus und in der Existenz eines öffentlichen Freibades.

Noch heute künden die kleinen Terrassenfelder an den umliegenden Hängen davon, dass hier früher intensiver Ackerbau betrieben wurde. Der Lössboden war fruchtbar, und die von einigen Grundeigentümern beherrschte Gemeinde wuchs und erarbeitete ihren weltlichen und kirchlichen Herren einen gewissen Reichtum. Als größtes Erbe jener Zeit blieb die Pfarrkirche erhalten. *Parkplatz im Barranco unterhalb von Kirche und Rathaus, Zufahrt von der Straße Richtung Betancuria aus*

SEHENSWERTES

Pfarrkirche von Pájara
★ Das Hauptschiff der *Iglesia Nuestra Señora de Regla* wurde vom 17. bis Anfang des 18. Jhs. errichtet. Bekannt geworden ist die Kirche durch das schöne Portal im Stil des mexikanischen Barock mit aztekischen Elementen. Neben geometrischen Sonnenmustern erkennt man darauf Schlangen, Panther und Vögel. Lange wurde gerätselt, ob und wie ein solches steinernes Tor ausgerechnet aus dem fernen Mexiko in dieses zu jener Zeit weltabgeschiedene Dorf gelangt sein könnte. Heute allerdings weiß man, dass der unbekannte Steinmetz seine Motive aus einem italienischen Vorlagenbuch übernommen hat und weder die Steine noch gar das ganze Portal aus Mexiko stammen. Das dunkle Innere der zweischiffigen Hallenkirche ist mit einer schönen Holzdecke im Mudéjar-Stil versehen, der im Spanien des 14. und 15. Jhs. aus der Verschmelzung maurischer und gotischer Formen entstand und auf der Insel noch lange gepflegt wurde.

Pájaras hübsche Pfarrkirche

PÁJARA

Die schönen Barockaltäre wurden 1785 fertig gestellt. Am Nachmittag beginnen sie im Dämmerlicht plötzlich zu leuchten, wie von Scheinwerfern angestrahlt. Wer näher tritt, erkennt, dass hoch oben je ein kleines Fenster diesen raffinierten Effekt bewirkt. Für 1 Euro verschafft Ihnen ein Automat rechts hinterm Eingang auch echtes Scheinwerferlicht. *Tagsüber geöffnet*

ESSEN & TRINKEN

Insider Tipp Casa Isaitas
Aus der Ruine eines 200 Jahre alten Herrenhauses haben einige Enthusiasten mit viel Eigenarbeit ein Schmuckstück gemacht: einen Vier-Zimmer-Gasthof *(€€€)* mit zwei Innenhöfen und einem stimmungsvollen Restaurant, das vor allem mit seiner Auswahl an Tapas glänzt. *Mo–Do abends geschl., im Aug. auch Do mittags geschl., gegenüber vom Parkplatz unterhalb der Kirche, Tel. 928 16 14 02, Fax 928 16 14 82, www.casaisaitas.com,* €€

La Fonda
Dieses schöne und beliebte Lokal liegt der Kirche gleich gegenüber. Es zählt zu den wenigen, die Kaninchen servieren. Auch Zicklein steht auf der Karte. *Sa geschl.,* €

ZIEL IN DER UMGEBUNG

Ajuy/Puerto de la Peña [108 C4]
Das Fischerdorf mit den zwei Namen ist ein beliebtes Ausflugsziel. Erst seit 1986 gibt es hier Strom und Wasser. Seither übernimmt ein Motor mit Seilzug die Kraft zehrende Aufgabe, die Boote auf den Strand zu ziehen. Wer leibliche Stärkung sucht, wird meist *Jaula de Oro (€€)*, den »Goldkäfig«, ansteuern. Dessen erstklassige Lage direkt am Strand schlägt sich jedoch auch in den Preisen und im Service nieder. Als preisgünstige Alternative bietet die *Casa Pepin (€)* weiter oben am Hang ebenfalls Meerblick von der Terrasse aus.

Puerto de la Peña ist Ausgangspunkt dreier kleiner Wanderungen, die zu sehr unterschiedlichen, lohnenden Zielen führen. Über den vom Nordende des Strandes auf die Felsen führenden Fußweg gelangt man über ein fast weißes Felsplateau mit seltsamen Auswaschungen zur Bucht *Caleta Negra* mit gewaltigen, vom Meer herausgespülten Höhlen. Zwei davon sind bequem zugänglich. Auf dem Felsplateau erkennen Sie nach Norden gehend ein gegen den Fels gebautes Haus. Es gehört zu zwei unterhalb davon klaffenden Schlünden, bei denen es sich um frühere Kalköfen handelt. Auf dem hier beginnenden, leicht ansteigenden Pfad geht man noch drei Minuten weiter und gelangt dann zu steil abwärts führenden Stufen. Ein hoher Betonpfeiler wird sichtbar, der zu alten Hafenanlagen gehört. Am Fuße des Pfeilers befinden Sie sich bereits am Eingang der größeren der zwei Höhlen. Die zweite Höhle liegt gleich neben der ersten.

Ein zweites Ziel ist das eindrucksvolle Felstor, das sich an der Mündung des nördlich von Ajuy liegenden *Barranco de la Peña* erhebt. Man erreicht es, indem man an der höchsten Stelle des zu den Höhlen führenden Pfades aufwärts abzweigt, zunächst oberhalb der Caleta Negra weitergeht, dann landeinwärts bis zur nächsten Fahrspur läuft und dieser nordwärts bis

Die Mitte und der Norden

in den Barranco folgt (dann links). Vor dem Felstor liegt ein natürliches Schwimmbecken, in dem man sich abkühlen kann.

Puerto del Rosario

[111 D2–3] Wenn Sie schon auf Fuerteventura sind, machen Sie doch mal einen Ausflug nach Spanien! Vor allem aus der Perspektive der Ferienclubs ist die Inselhauptstadt nämlich eine andere Welt. Zwar glänzt Puerto Rosario (so die gebräuchliche Kurzform) weder durch Alter noch durch besondere Schönheit, gleichwohl ist die Hafenstadt von über 20 000 Einwohnern die lebendigste Ortschaft der Insel. Hier begegnet man nicht mehr nur anderen Touristen, sondern vorwiegend Spaniern, und wer einen zweiten oder dritten Blick riskiert, kann an der Stadt auch einige liebenswerte Seiten entdecken.

Ruhepause im Schatten

Der Ort entstand ab 1797 als Hafen des binnenwärts gelegenen Weilers Tetir. Eine Quelle lockte viele Ziegen an, und so nannte man die neue Siedlung *Puerto de Cabras*, »Ziegenhafen«. Mit der Zunahme des Schiffsverkehrs nach Gran Canaria, Teneriffa und zum Festland siedelten sich immer mehr Festlandsspanier und Bürger Gran Canarias hier an. 1835 löste sich der auf 500 Einwohner angewachsene Ort von Tetir und wurde eine selbstständige Gemeinde. Seine weitere Entwicklung hat er vor allem englischen Kaufleuten zu verdanken, die im 19. Jh. von hier aus Sodakraut, den Farbstoff der Cochenille-Läuse und gebrannten Kalk verschifften. Einen Namen machten sich besonders ein Mr. Miller und ein Mr. Swatson, die einflussreichen Familien in Las Palmas auf Gran Canaria angehörten. Miller spielte als Mitglied des Gemeinderats von Puerto de Cabras eine wichtige Rolle bei der ersten Stadtplanung, und einige Jahre lang unterhielt Großbritannien hier sogar ein Konsulat. Die erste Blütezeit endete noch vor 1900, als die exportierten Naturprodukte ihre wirtschaftliche Bedeutung verloren. Als wichtigster Inselhafen hatte Puerto de Cabras die älteren Ortschaften aber längst überflügelt und war als zentraler Inselzugang noch im 19. Jh. (1860) zur Hauptstadt Fuerteventuras aufgestiegen. Nach und nach entstanden seit der Zeit um 1900 repräsentative Verwaltungsgebäude, und ein erstes Hotel öffnete seine Pforten. Der Name »Ziegenhafen« wurde allmählich als unwürdig empfunden. 1956 erfolgte die Umbenennung in Puerto del Rosario (»Hafen des Rosenkranzes«) zu Ehren der Heiligen Jung-

PUERTO DEL ROSARIO

frau des Rosenkranzes, der Schutzheiligen der Stadt. Wenig begeistert waren die Bürger, als Mitte der Siebzigerjahre ein Großteil der spanischen Fremdenlegion hierher verlegt wurde (zeitweise über 3000 Mann). Die Kriminalität nahm dramatisch zu, und im Süden der Stadt entstand ein als *barrio chino* – »Chinatown« – bekanntes Amüsierviertel. Unterdessen wurde die Legion wieder abgezogen, und reguläre Infanterie rückte in ihre Kaserne ein. Die Bürger sind dankbar, doch für die Touristen ging eine (zweifelhafte) Sehenswürdigkeit verloren, denn von der einst martialischen Dekoration des Kasernenvorplatzes (Panzer u.a.) blieben wenig mehr als zwei Flugabwehrkanonen *(C. Domínguez Peña, nahe der Mole)*.

Seit den 1980er-Jahren wurden das Erscheinungsbild des Ortes verbessert, historische Gebäude restauriert, Parks und eine Hafenpromenade angelegt sowie interessante Skulpturen aufgestellt. Besonders das Zentrum mit dem Sitz der Inselverwaltung *(Cabildo Insular)*, der Kirche und dem Rathaus macht einen recht ansehnlichen Eindruck. Zu den Pluspunkten Puerto del Rosarios zählt ferner ein durchaus beachtenswertes Kulturangebot.

DIE MITTE UND DER NORDEN

Ein Rundgang könnte so aussehen: Vom Parque Municipal gehen Sie die Hauptstraße León y Castillo abwärts. Erster Bau rechter Hand ist die Ringkampfarena. Auf deren Rückseite steht das Pfarrhaus, an dessen Front entlang Sie zur Parallelstraße gehen. Von hier aus weiter abwärts kommen Sie an der *Casa Museo Unamuno* vorbei. Links steht die Kirche. An der nächsten Ecke erheben sich rechts das Gebäude des *Cabildo Insular*, der Inselregierung, und links das Rathaus. Weiter abwärts gelangen Sie zur *Bar Tinguaro* und weiter zum Hafen mit Promenade. Gehen Sie von dort die León y Castillo wieder aufwärts und am Rathaus links, gelangen Sie in das Geschäftszentrum mit Banken, Läden und der Eisdiele *Kiss*.

MUSEUM

Casa Museo Unamuno
In den Räumen des ehemaligen Hotels *Fuerteventura,* in dem der spanische Schriftsteller und Philosoph Miguel de Unamuno während seiner Verbannung 1924 wohnte, können die Besucher eine Reise in die Vergangenheit unternehmen. Vom Schreibtisch des Dichters bis zum Nachttopf ist noch alles wie in alten Tagen. Selbst die Küche blieb original erhalten. *Mo–Fr 9–14 Uhr, neben der Kirche, Eintritt frei*

ESSEN & TRINKEN

Für alle Lokale in Puerto del Rosario gilt: Verständigung ist nur auf Spanisch möglich!

Cafetería El Naufragio
»Der Schiffbruch«: Ein Großteil des Interieurs dieses Bar-Restaurantes stammt aus dem an der Westküste gestrandeten Luxusliner »American Star«. Serviert werden Sandwiches und andere Imbisse. *Nur abends, Mo geschl., Avda. 1 de Mayo/Ecke Jesús y Maria,* €

Kiss *Insider Tipp*
Erstes Ziel für Tagesbesucher: die beste Eisdiele der Stadt und wohl auch der ganzen Insel. *Primero del Mayo/Ecke Maestro de Falla*

La Lasquita
Dies ist das beste Speiselokal der Stadt. Serviert werden in schönem kanarischem Ambiente mit moderner Kunst traditionelle Gerichte und guter Wein. *Mittags ab 13, abends ab 21 Uhr, So geschl., C. Almirante Lallermand 66, Tel. 928 85 91 26,* €€€

Tinguaro
Durch die Glaswände der Terrassenbar schweift der Blick über Hafen und Meer. Das Tinguaro ist ein beliebter Treffpunkt für Verabredungen und Rendezvous. Außer Getränken werden auch kleine Gerichte serviert. *Plaza de España*

EINKAUFEN

Rund 500 Geschäfte sorgen für ein breites Angebot und für Konkurrenz, sodass die Preise niedrig bleiben. *Hiper Dino* ist der größte Supermarkt der Insel *(Avda. Juan de Bethencourt 43)* – ein guter Ort, um vor dem Heimflug noch billig Ziegenkäse, Alkohol und Tabak einzukaufen. Ein großes Schuhgeschäft mit guter Auswahl, niedrigen Preisen und leider auch lausiger Bedienung ist *Calzados Navarro, C. Prof. Juan Tadeo Cabrera 9.*

PUERTO DEL ROSARIO

ÜBERNACHTEN

In der Stadt selbst gibt es keine Urlaubsunterkünfte mit Sonnenterrassen, Animation und ähnlichen Annehmlichkeiten.

Hotel Fuerteventura Playa Blanca
Der einstige Parador Nacional (an der Flughafenautobahn noch so ausgeschildert) wurde im Stil einer nordafrikanischen Karawanserei gestaltet. Das Drei-Sterne-Hotel ist mit seinen 50 Zimmern ebenso klein wie fein. Mit Pool, Strandzugang und einem gepflegten Restaurant, das einen Abstecher lohnt. *Tel. 928 85 11 50, Fax 928 85 11 58, www.cabildo fuer.es/hotel_fuerteventura,* €€–€€€

Palacio Puerto Rosario
Einziges Komforthotel in zentraler Lage, die meisten der 88 Zimmer mit Hafenblick. *Avda. Ruperto Gonzáles Negrín 9, Tel. 928 85 94 64, Fax 928 85 22 60,* €€

Roquemar
Am großen Kreisel unterhalb der León y Castillo liegt dieses 16-Zimmer-Hotel – mit Hafenblick, allerdings nicht eben leise. Wer dem Insidertipp für Samstagnacht *(siehe unten)* folgt, wird hier trotzdem gut nächtigen, denn am Sonntagmorgen schläft auch der Autoverkehr. *Avda. Ruperto González Negrín 1, Tel. 928 85 03 59,* €

AM ABEND

Wer unternehmungslustig ist und etwas Spanisch spricht, sollte sich für eine Samstagnacht mal vom Cluburlaub loseisen, denn so schöne Kneipen und solches Latino-Tanzvergnügen wie hier gibt's sonst nirgends auf der Insel. Bars und Diskos öffnen allerdings häufig erst um 23 Uhr. Dabei ist lässig-elegante Kleidung angesagt, also keine Sandalen, Turnschuhe, Baseballkappen oder T-Shirts. Zudem bietet Puerto Rosario einiges an »gehobener« Kultur, z. B. Aufführungen und Kunstausstellungen in der *Casa de la Cultura (C. Ramiro de Maeztu 2)*. Entsprechende Veranstaltungen werden in der Stadt auf Spanisch plakatiert.

Calle 54
Die schönste Kneipe der Stadt: groß, mit einem nicht so lauten Innenhof in kanarischem Ambiente, dazu moderne Kunst. Eine der führenden Adressen für Samstag nachts. *Nordende der C. Secundino Alonso, gegenüber der Sporthalle*

Heineken
Beliebte Kneipe, ziemlich groß, auch tagsüber geöffnet. Raten Sie mal, was im *Heineken* serviert wird! *C. León y Castillo 146*

Mama Rumba
Dieses schönste lateinamerikanische Tanzlokal der Insel glänzt mit einer wunderbaren Atmosphäre, in der sich Gäste jeden Alters und auch Nichttänzer wohlfühlen. Eine der führenden Adressen für Samstagnachts. *C. San Roque 17 (nahe Cabildo Insular)*

Templo
🏃 Diskothek. Hier beschließt die Jugend ihre samstagnächtliche Kneipentour. *C. Teniente Durán 16 (gegenüber vom Kinokomplex Multicines)*

DIE MITTE UND DER NORDEN

AUSKUNFT

Patronato de Turismo
Avda. de la Constitución 5, Tel. 928 53 08 44, Fax 928 85 16 95

ZIELE IN DER UMGEBUNG

Casillas del Ángel [110 B2]
Die weiße *Kirche Santa Ana* (spätes 18. Jh.), deren Eingangsfront aus schwarzem Lavagestein besteht, wird von einem durchbrochenen Giebel gekrönt, der als Glockenturm fungiert. Der ornamentbeladene Altar zählt zu den künstlerisch bedeutendsten der Insel. Ein Ölbild stellt das Jüngste Gericht dar. Schöne Kassettendecke im Mudéjarstil *(Schlüssel zur Kirche im Haus Nr. 20A gegenüber vom Portal).*

Noch vor der östlichen Ortseinfahrt liegt linker Hand *Los Rugama*, einer jener neuen Landgasthöfe in alten Gemäuern, die mit ihrer speziellen Atmosphäre gefallen. Hier speist die Inselprominenz. Interessante Karte mit Kaninchen, Taube und Ziegenkäsekuchen als Dessert *(Tel. 928 53 82 24, €€€).*

Tetir [110 C2]
Von Puerto del Rosario aus kommt man auf der alten Hauptstraße Richtung Corralejo zunächst an dem alten Inselflughafen *Los Estancos* vorbei, dessen Rollfeld quer über die Straße führte und die deshalb bei jedem Start und jeder Landung gesperrt werden musste. Auf der linken Seite sind noch zwei Flughafengebäude erhalten.

Das Kirchdorf *Tetir*, einst Muttergemeinde von Puerto del Rosario, ist Mittelpunkt eines fruchtbaren Tales. Unbedingt lohnend ist ein Abstecher auf den 511 m hohen Berg *Temejereque* [110 C1] nördlich von Tetir. Von der dortigen Sendestation genießt man bei klarer

---

Landhotels und Königswege

Fuerteventura hat mehr als Sonne, Strand und Meer!

Je trubeliger es an der Küste wird, desto mehr zieht es alle, die Ruhe suchen, ins Inselinnere: zum Wandern oder zum Wohnen. Die Inselregierung fördert diesen Trend. Mittlerweile gibt es mehr als ein Dutzend stilvoller Landhotels, darunter *La Era del Corte* in Antigua (S. 29) und die *Casa Isaítas* in Pájara (S. 50); eine spanische Liste finden Sie unter *www.ecoturismocanarias.com/fuerteventura*. Auch die geführten Wanderungen (S. 87) gehören zum ländlichen Tourismus, desgleichen die ländlichen Museen und die Wiedererschließung der historischen *Caminos reales*, der »Königswege«, die die alten Orte miteinander verbanden und teils auf vorspanische Zeit zurückgehen, als das Inselgebiet in zwei so genannte Königreiche (faktisch eher Häuptlingstümer) aufgeteilt war. Die Wege waren deren Verkehrsnetz. Mehr dazu erfahren Sie von Frau von der Twer, einer Pionierin des ländlichen Tourismus und Wirtin der *Villa Volcana* (S. 47) bei La Oliva.

TUINEJE

Sicht einen hervorragenden Blick über weite Teile der Insel. Die asphaltierte Zufahrtsstraße zweigt ca. 1,5 km nordwestlich von Tetir ab (dem Schild »Tamariche« folgen, dann geradeaus).

TUINEJE

[109 D–E6] Der Ort ist das touristische Aschenbrödel unter den alten Inselgemeinden. Hier werden unter anderem die Tomaten sortiert und verpackt, die im fruchtbaren Umland unter Sonnenschutzsegeln – als Wind- und Sonnenschutz und damit zur Minderung des hohen Wasserbedarfs – angebaut werden.

Die Insulaner verbinden mit Tuineje die Erinnerung an ein ruhmreiches Ereignis der Inselgeschichte: Im Oktober 1740 landete eine englische Freibeuterhorde beim heutigen Gran Tarajal und rückte plündernd nach Tuineje vor. Mit Hilfe von drei Dutzend Dromedaren, die als lebende Schutzschilde dienten, und mit kümmerlichen fünf Gewehren bewaffnet, gelang es dem rasch zusammengetrommelten Häuflein von 37 unerschrockenen Bauern unter Führung des Inselkommandanten, die Hälfte der zahlenmäßig überlegenen, gut bewaffneten Eindringlinge zu erschlagen; der Rest ergriff die Flucht. Dabei wurden neben etlichen Musketen auch zwei Kanonen erbeutet; sie zieren heute den Eingang des Museums von Betancuria. Das Ereignis ging als »Schlacht von Tamacite« in die Annalen ein.

In dem Städtchen bleibt das Gedenken an den großen Sieg auf zweierlei Weise lebendig. Zum einen birgt die zweischiffige, ursprünglich von einer Wehrmauer umgebene Pfarrkirche *San Miguel* (spätes 18. Jh.) eine bildliche Darstellung der Schlacht (zwei Tafeln am Altarsockel), zum zweiten stellt man das Ereignis alljährlich gegen Ende September auf einer Fiesta mit einem aufwändigen Historienspektakel nach. Den Schlüssel zur Kirche erhält man gegenüber von deren Westseite in dem Haus, das eine auffällige Gedenktafel für eine fromme Nonne trägt.

ZIELE IN DER UMGEBUNG

Lavafelder [109 E–F6]
Östlich von Tuineje liegen zwei große, zerklüftete Lavafelder, die während der jüngsten Vulkantätigkeit auf Fuerteventura vor etwa 10 000 Jahren entstanden sind. Dieses weder landwirtschaftlich noch noch sonst irgendwie nutzbare *Malpaís* (»schlechtes Land«) hebt sich hier besonders deutlich – auch für den geologischen Laien leicht erkennbar – von den älteren Gesteins- und Landschaftsformationen ab. Das größere der Felder ist als *Malpaís Grande* bekannt. Das zweite, nördlicher gelegene Feld ist das *Malpaís Chico*, das »kleine Malpaís«.

Biegen Sie mit dem gemieteten Pkw, besser noch mit einem Geländewagen in Tiscamanita [109 E5] aus Tuineje kommend vor der Bushaltestelle rechts ein. Über eine breite Piste geht es 3,8 km weit nach Osten. Links im Tal sehen Sie bei der Ortsausfahrt eine Aloe-vera-Plantage. Bei einer Gabelung halten Sie sich links. Nehmen Sie dann 400 m hinter der Hochspannungsleitung die Abzweigung nach rechts, so erreichen Sie den Rand des Malpaís Grande. Die Fahrt en-

Die Mitte und der Norden

Im Zentrum der Insel liegt Tuineje, Fuerteventuras »Tomatenhauptstadt«

det auf halber Höhe eines Vulkankegels, der *Caldera de la Laguna*, der die Lava entströmte. Hier wird heute Vulkanasche abgebaut.

↙↗ Vom Hang aus überblickt man einen Großteil des Inselsüdens mit mehreren Ortschaften und rechter Hand den Vulkankegel namens *Caldera de la Gairía* sowie das gesamte Malpaís Chico, dessen dunkle Masse von dem hellen älteren Land deutlich absticht. Wochentags müssen Sie gelegentlich mit Lkw-Verkehr rechnen. Es gibt am Hang jedoch eine Ausweich- und Haltemöglichkeit.

Mühlenmuseum [109 E5]
Wer durch Tiscamanita kommt, sollte sich das Mühlenmuseum *(Centro de Interpretación de los Molinos)* ansehen. In einer restaurierten Windmühle und den dazugehörigen Wirtschaftsgebäuden gewährt eine schön präsentierte Sammlung Einblick in die auf Fuerteventura traditionsreiche Geschichte des Müllerhandwerks und des Mühlenbaus. Als Gratisgabe erhält jeder Besucher eine Probe Gofio. *Di–Fr und So 9.30–17.30 Uhr, am nördlichen Ortsausgang links zurück, Eintritt 1,80 Euro*

DER SÜDEN

Strände ohne Ende

Bungalows und Badespaß auf der einen, menschenleere Weite auf der anderen Seite

Der Süden, das ist vor allem die lang gestreckte Halbinsel Jandía. Die Strände an ihrer Südostküste sind zwar nicht mehr so leer wie vor nunmehr dreißig Jahren, als die ersten Erholung Suchenden noch stundenlang auf staubigen Pisten unterwegs waren, ehe sie dann angesichts des unberührten, weißsandigen Gestades vor lauter Begeisterung am liebsten gleich auf immer dageblieben wären. Dafür braucht heute kein deutschsprachiger Urlauber mehr Verständigungsschwierigkeiten mit Einheimischen oder Orientierungsprobleme im Supermarkt zu befürchten, denn mittlerweile sind die Feriensiedlungen von Costa Calma bis Morro Jable fast zu hundert Prozent auf deutsche Gäste eingestellt.

Doch noch immer ist an den meisten Strandabschnitten viel, viel Platz. Nur bei den beiden größten Ferienzentren – Costa Calma und Jandía Playa/Morro Jable – bewegt man sich unter größeren Scharen anderer Gäste. Beide Orte markieren Anfang und Ende der Hauptfe-

Costa Calma, die »ruhige Küste«. Beschaulich das Ambiente der Anlage Las Palomas

rienzone von Fuerteventura. Der eigentliche Grund, warum die meisten Besucher immer wieder hierher kommen, sind die zusammen rund zwanzig Kilometer langen Strände Playas de Sotavento, die nur hier und da durch kleine Felsnasen unterbrochen werden. Überall ist die Brandung harmlos und der Wind beständig, aber selten unangenehm. An der Costa Calma und der Playa Barca bei den Lagunen weht es im Allgemeinen am stärksten. Weiter südlich dämpfen Berge die stete Brise ein wenig.

Für den Tourismus entdeckt wurde die Gegend ursprünglich von ein paar Deutschen, die in Morro Jable mit der noch bestehenden *Casa Atlántica* die erste Urlauberunterkunft schufen und zwei deutsche

Traumhafte Dünen, sauberes Wasser, unglaubliche Farben, eine harmlose Brandung – die idealen Bedingungen der Halbinsel Jandía

Costa Calma

Reiseveranstalter erfolgreich auf die idealen Strände aufmerksam machten. Ein bald darauf auf ehemaligem Salinengelände erbautes Hotel wurde 1970 Domizil des allerersten Robinson Clubs. Dieser war treffend benannt, denn außer dem noch winzigen Morro Jable war die Halbinsel Jandía fast menschenleer. Schon die stundenlange Anfahrt von dem alten Flughafen Los Estancos westlich von Puerto del Rosario aus gestaltete sich regelmäßig zum Abenteuer. Die Schotterpiste schien den eingesetzten Bus – damals bereits ein echter Oldtimer – jedesmal in seine Einzelteile zerlegen zu wollen.

Die Playas de Sotavento sind freilich nur die eine – oder eigentlich sogar nur eine halbe – Seite der Medaille, denn zum einen reicht die Halbinsel Jandía jenseits des Südkaps bei Morro Jable noch gut siebzehn Kilometer weiter nach Westen, und zum anderen darf man die lang gestreckte, weltentrückte Nordwestküste nicht vergessen. Eine Jeepfahrt zu den dortigen weiten Sandstränden zählt zu den Höhepunkten jedes Fuerteventura-Urlaubs. Zwischen den beiden Küsten liegt Bergland, das im wolkenverhangenen *Pico de Jandía* den höchsten Gipfel der ganzen Insel aufweist (807 m).

Noch heute ist der größte Teil Jandías menschenleer. Wegen ihrer ökologischen Bedeutung wurde die ganze Halbinsel zum Naturpark erklärt (mit Ausnahme der besiedelten Küstenstreifen). Besonders im Bereich des Istmo de la Pared mit seinem riesigen Windkraftpark wurden lange Zäune gezogen, um die gefräßigen Ziegen fernzuhalten und der Vegetation wieder eine Chance zu geben.

Zum Süden zählt aber auch die Südküste Maxoratas, des Inselhauptkörpers nordöstlich von Jandía. Sie hat einen ganz anderen Charakter. Statt langer, weißer Sandstrände finden sich viele kleine Badebuchten mit dunklem bis schwarzem Sand, und statt frei in die Landschaft gesetzter Bungalow- und Apartmentsiedlungen trifft man alle vier, fünf Kilometer entlang der Küste kleine Fischerdörfer oder eine Hafenstadt an. Von ihnen ist nur Tarajalejo touristisch einigermaßen erschlossen. An den meisten Stränden stellen Spanier die Mehrheit der Badegäste. Auf den kleinen Dorfstränden und in den paar netten Bar-Restaurantes mit Seeblick herrscht noch eine fast familiäre Atmosphäre, und wenn am Nachmittag die Fischer ihren Fang anlanden, gibt es etwas zu gucken und zu kaufen.

Costa Calma

[113 E4] Costa Calma, »ruhige Küste«, nennt sich die breit hingestreckte Ferienzone auf dem Istmo de la Pared gleich am Anfang der Halbinsel Jandía. Der am weitesten östlich gelegene Teil ist auch als Cañada del Río bekannt. In dem flachen Terrain zu beiden Seiten der Hauptstraße ließ und lässt sich gut bauen, und so sind im Laufe der Jahre viele Bungalow- und Apartmentsiedlungen entstanden. Dazwischen liegen einige größere Hotels, die aber optisch relativ dezent gehalten sind. Überraschender Blickfang ist vielmehr ein sattgrüner Wald entlang der Landstraße.

Die meisten Anlagen sind ansprechend gestaltet, verfügen über

DER SÜDEN

Süßwasserschwimmbäder und sind mit Palmen, Kakteen, Bougainvilleen oder Geranien bepflanzt. So gelungen die Baukomplexe im Einzelnen auch sein mögen, so wenig vermag das Erscheinungsbild von Costa Calma insgesamt zu gefallen. Es gibt kein richtiges Zentrum, zwischen den verstreut liegenden Teilen der Ferienzone liegen weite Strecken brach, Asphaltstraßen enden im Nichts. Trotzdem wird man als (deutscher oder deutschsprachiger) Gast kaum etwas vermissen. Vor allem kann man mit Strand und Wasser zufrieden sein. Das Meeresufer ist auf einigen Kilometern Länge tagsüber zwar recht bevölkert, doch liegt nur wenig Müll herum – offenbar sind die Gäste bereit, das Ihre zur Sauberkeit beizutragen –, und das Wasser ist, wie überall auf der Halbinsel, von beispielhafter Qualität.

ESSEN & TRINKEN

Eine gute Mischung verschiedener Lokale findet man in dem Einkaufs- und Gaststättenzentrum gegenüber vom *Taro Beach Hotel*. Es ist als kleine Plaza gestaltet, wo man auch vor Wind und Sonne geschützt draußen sitzen kann. Beliebt sind die Lokale am Einkaufszentrum *El Palmeral* nahe der Tankstelle an der Landstraße, darunter das *Bratkartoffelstübchen* und das vielseitige *Café Chaos*, das auch Internetplätze bereithält. Unter den an anderer Stelle gelegenen Lokalen zeichnen sich besonders die Folgenden aus:

Arena/Mamma mia
Kein Zweifel: *Arena* ist das bessere Lokal (mit Kinderkarte, kanarischen Klassikern und vegetarischer Auswahl), aber *Mamma mia* füllt den Laden mit einem preisgünstigen Mittagsmenü. Beide servieren auch Pizza. *Arena Sa und mittags geschl., beide im CC Costa Calma,* €–€€

Copa
Insider Tipp

Mit dem *Copa*, »Gläschen«, hatte das deutsche Wirtsehepaar Conny und Paul den richtigen Riecher: Das kleine Lokal mit den eng platzierten Tischen wurden sogleich zum Renner unter den deutschen Residenten. Attraktive Karte, zuweilen auch Kaninchen. *Nur abends, Mo geschl., am Parkplatz oberhalb des*

MARCO POLO Highlights »Der Süden«

★ **Playa Barca**
Hier schufen Wind, Sand und Wellen ein herrliches Stück Badestrand (Seite 67)

★ **Dünen bei Risco del Paso**
Lauschige Mulden am Südende der Lagune (Seite 68)

★ **Jeepfahrt zum Westkap und nach Cofete**
Ein großartiger Aussichtspunkt, einsame Strände: Hier erlebt man die Insel in ihrer Ursprünglichkeit – und darf über die Villa Winter spekulieren (Seite 75)

Costa Calma

> ### Die Marco Polo Bitte
>
> Marco Polo war der erste Weltreisende. Er reiste in friedlicher Absicht, verband Ost und West. Er wollte die Welt entdecken, fremde Kulturen kennen lernen, nicht zerstören. Könnte er heute für uns Reisende nicht Vorbild sein? Aufgeschlossen und friedlich sollte unsere Haltung auf Reisen sein. Dazu gehören auch Respekt vor Mensch und Tier und die Bewahrung der Umwelt.

CC El Palmeral (nahe der Tankstelle), Tel. 646 75 53 05, €€

Insider Tipp: El Patio
Speisen unter Palmen direkt am Strand auf windgeschützter Terrasse (an kühlen Abenden beheizt): Das gibt's auf der ganzen Insel nirgends sonst. Die sehr persönliche deutsche Leitung sorgt für angenehme europäisch-kanarische Küche aus frischen Zutaten und für guten Wein. *Nur abends, im Süden des Strandes bei den hohen Palmen, Tel. 928 54 71 65, €€€*

schenkartikeln, *Hodge Podge Fuerte* mit Sportkleidung sowie der Surferladen *Fuerte action*.

In der **Boutique Tangente** verkauft Bea Stein, die seit Jahren auf der Insel lebt, originelle, aber tragbare Kollektionen in den Größen 36–50. Fragen Sie auch nach ihren Modenschauen! *Tgl. 17–22 Uhr, im Hotel Fuerteventura Playa.* **Insider Tipp**

Vielseitige Urlaubslektüre und interessante Literatur über die Kanaren finden Sie in der hervorragend geführten **deutschen Buchhandlung** im *CC Costa Calma*. **Insider Tipp**

EINKAUFEN

Ein paar kleinere Einkaufszentren versorgen die verschiedenen Teile der Ferienzone mit Lebensmitteln, Sportartikeln, Hautcreme und manchem anderen. Beliebt ist das *Shopping Center Sotavento* zwischen Sotavento Beach Club und Hotel Taro Beach. Einen größeren Supermarkt finden Sie im auffälligen Einkaufszentrum *Botánico* im Süden. Zum Supermarkt gehört ein guter Tabakladen.

Ins zweigeschossige Zentrum *El Palmeral*, rechts an der Landstraße Richtung Morro Jable vor der Tankstelle gelegen, locken *Que chachi* mit witzigen Souvenirs und Ge-

ÜBERNACHTEN

Bahía Calma/ Bungalows Las Palomas
Die leuchtend weißen, klug gestalteten Bungalows dieser *urbanización* gruppieren sich um einen Pool; Strand, Supermarkt und ein Restaurant sind nah. Nachts wird man vom Rauschen der Palmen in den Schlaf gewiegt. *Tel. 928 54 71 58, Fax 928 54 70 31, €€*

Bungalow-Hotel Solyventura, Parque Solyventura
Die 18 bzw. 30 Wohneinheiten dieser zwei exklusiven Anlagen unter deutscher Leitung verfügen über große, individuelle Terrassen, See-

DER SÜDEN

blick sogar vom Bett aus und direkten Strandzugang. Wer nicht nach Trimmraum oder Disko fragt, vielmehr eine persönliche Atmosphäre sowie eine schöne, ruhige Lage mit freier Sicht bevorzugt, findet hier das Passende. Der *Parque Solyventura* bietet Selbstversorgern Apartments mit Küche. *Tel. 928 54 71 65, Fax 928 54 71 66, Buchung über Sekretariat Solyventura in Solingen: Tel. 0212/645 77 11, Fax 645 77 13, €€€*

Costa Calma Palace
Wahrlich ein Palast: Zu breit und hoch liegt er am Strand (direkter Zugang), doch die Gäste dieser Luxusherberge genießen die imposante, riesige Halle, die allerbeste Verpflegung, das reiche Wohlfühlangebot mit Meerwasserhallenbad und Thalassotherapie sowie den grandiosen Seeblick aus allen 417 Zimmern. Das Schönste: Man kann unter Palmen frühstücken. *Avda. Jahn Reisen, Tel. 928 87 60 09, Fax 928 87 55 37, www.sunrisebeachhotels.com, €€€*

Maryvent
54 Apartments direkt am Strand – mit Küche und meist auch mit Meerblick. *Unterhalb des Einkaufszentrums Bahía Calma II, Tel. 928 54 73 92, Fax 928 54 70 92, maragua@web.de, €€*

Playa Esmeralda
Neues Haus mit 333 Zimmern direkt am Strand, komfortabel, sehr gut geführt und dennoch nicht zu teuer. Die Besonderheit für unfreundliche Tage: ein Hallenbad. *Am Südende der Siedlung, Tel. 928 87 53 53, Fax 928 87 53 50, www.h10.es, €€*

Risco del Gato
Das kleine, aber feine Bungalowhotel (51 Wohneinheiten) galt bei der Eröffnung als architektonische Sensation. Hier wohnt man ausschließlich zu ebener Erde in Bungalows, deren schalenförmige Dächer die intimen Sonnenterrassen vor dem steten Nordostpassat und fremden Blicken schützen. Die Anlage verfügt über Schwimmbecken, Sauna, Tennisplatz, Cafétéria und Restaurant. 36 neue Villen haben je einen Patio mit eigenem Pool. *Am Südrand des Ortes, Tel. 928 54 71 75, Fax 928 54 70 30, www.risco-del-gato.com, €€€*

Sol Gorriones [113 D5]
Das Vier-Sterne-Hotel (431 Zimmer) liegt südlich von Costa Calma an der großen Lagune der Playa Barca in völliger Einsamkeit zwischen kleineren Bergen (Straßenentfernung etwa 5 km). Für Gäste, die Ruhe und Entspannung suchen, und für solche, die Sport, Geselligkeit und Abwechslung schätzen, ist es gleichermaßen gut geeignet. Die Ausstattung mit Bars, Restaurant, Pool, kleiner Ladenzeile, Fitnessraum, Diskothek und ähnlichem lässt kaum Wünsche offen. Eine Attraktion ist der große, schattige Garten. Angeschlossen ist die renommierte Surfschule Egli. *Tel. 928 54 70 25, Fax 928 54 70 00, www.solmelia.com, €€*

Sotavento Beach Club
Die Anlage mit direktem Strandzugang zeichnet sich durch zurückhaltende Animation aus – bei großem Angebot. Nur manche der geräumigen 310 Apartments haben Meerblick, doch alle Terrassen bzw. Balkone. Tauchschule. *Tel. 928*

Costa Calma

54 70 42, Fax 928 54 70 09, www.sotavento.de, €€€

Taro Beach Hotel/ Monica Beach Club
Hier ist richtig, wer Gesellschaft sucht. Die beiden terrassenförmigen Hotels liegen direkt am Strand, Zentrum ist jeweils ein großer Pool mit Bar. Fast alle Zimmer (*Monica Beach* 232, *Taro Beach* 266) haben Meerblick und eine eigene Sonnenterrasse. Ein von beiden Hotels gemeinsam betriebenes Sportcenter bietet Tennis, Fitness, Sauna und Minigolf. Die Animation (auch für Kinder) sorgt für Spaß und Unterhaltung. Die Gäste beider Häuser können die Einrichtungen des jeweils anderen mitbenutzen. *Monica Beach, Tel. 928 54 70 75, Fax 928 54 73 18; Taro Beach, Tel. 928 54 70 76, Fax 928 54 70 98; €€*

FREIZEIT & SPORT

Gymnastik, Volleyball, Tanzen, Wasserball, Schießen, Krafttraining, Surfen, Tauchen und Tennis gehören zum Angebot vieler Hotels und Clubs. Das gemeinsame Sportcenter der Hotels *Monica Beach* und *Taro Beach* bietet auch auswärtigen Gästen Tennisplätze und Tennisstunden. Zu den überall buchbaren Sonderprogrammen gehört auch eine Wanderung von Costa Calma quer über die Landenge nach La Pared. Dorthin müssen sich auch Wellenreiter, Pferdeliebhaber und Golfer (*Golf-Akademie*, siehe »Sport & Aktivitäten«) bemühen, wenn Sie Ihrem Sport nachgehen wollen.

Jetski, Wasserski
Deutsche betreiben eine Station am Ostende der Bucht, auch mit Bananenboot, Tretbooten und Wasserski-Anfängerschulung *(Mo geschl.)*.

Tauchen
Antje und Hakan betreiben das Tauchzentrum *Proworld of Scuba* im Hotel Playa Esmeralda (Zufahrt über Piste neben dem Hotel), Simona und Kay das *Poseidon's Dive Inn* im Hotel Costa Calma Beach (vorletztes Hotel im Norden; Zugang durch den Hotelgarten).

Windsurfen
Das *Fanatic Fun Center* am Strand beim Monica Beach Club ist Anlaufstelle am Ort für Unterricht und Verleih. Anfänger und Gelegenheitssurfer fühlen sich hier besonders gut aufgehoben. Anspruchsvolle Windsurfer zieht es eher zum *Pro Center René Egli* an der Playa Barca **[113 D5]**. Dieser südlich an die Costa Calma anschließende Strand zählt zu den international führenden Windsurfrevieren. René Egli veranstaltet Kurse für alle Stufen bis zum Funboard-Fortgeschrittenen und bietet auch Drachensurfen an. *Am Hotel Sol Gorriones*

AM ABEND

Soll es eher ruhig und stimmungsvoll sein, empfiehlt sich als Bar unter Palmen *El Jardín* mit dezenter Livemusik und einer Tanzfläche *(am unteren großen Kreisel)*. Diskogänger zieht es donnerstags in die *East Side* des Sotavento Beach Club, und vor allem die Jugend drängt am Wochenende in die derzeitige In-Disko *Bounce*, bis sich die Wände biegen *(oben im CC El Palmeral bei der Tankstelle)*. Voll wird es dort erst um Mitternacht.

DER SÜDEN

Für eine Partie Beach Volleyball finden sich immer Mitspieler

Eine Etage tiefer liegt die beliebte Kneipe *Fuerte action*, die schon zum Frühstück öffnet und bis spät nachts kleine Gerichte serviert. Zwei Nachtbars finden sich im CC Botánico: die *Klamotte* (mit Billard), in der nach 24 Uhr viele Spanier verkehren, sowie gleich dahinter das in »einschlägigen« Kreisen inselweit bekannte *Space*, in dem sich tolerante Nachtschwärmer aller drei Geschlechter begegnen.

Insider Tipp

Jeden Abend schön ist ein Besuch in der Strandbar *Horizonte*, wo es Bier, Sangria, kleine Speisen und einmal wöchentlich Livemusik gibt *(zwischen den Hotels Fuerteventura Playa und Barlovento).*

ZIELE IN DER UMGEBUNG

La Pared [113 E3]

Bei Costa Calma bildet der wüstenartige Istmo de la Pared (»Landenge der Mauer«) die schmalste Stelle der Insel. Die besagte Mauer soll einer Theorie zufolge quer über den Isthmus hinweg zwei Königreiche der Altkanarier getrennt haben, doch hierfür gibt es keinen Beweis. Nur unscheinbare Reste sind von ihr erhalten. Nördlich von Costa Calma führt eine Straße hinüber an die Westküste zur Ortschaft *La Pared*. Diese noch etwas öde wirkende Streusiedlung mit einer drolligen Prachtstraße, an der kein einziges Haus steht, steckt noch in den Anfängen der touristischen Entwicklung. Gäste aus anderen Inselorten kommen aber schon zum Essen und Sporttreiben hierher. Das renommierte Restaurant *El Camello* ist eine Oase für Leib und Seele: feine Fischgerichte, Kaninchen, Entenbrust, knackiges Gemüse. Besonders schön sitzt man im Halbschatten der Seitenterrasse oder im Garten *(Mo geschl., am ersten Kreisel in La Pared rechts, Tel. 928 54 90 90, €€).*

Das kanarische Restaurant *Bahía La Pared* bietet frischen Fisch mit Meerblick, wunderschön bei Sonnenuntergang (€€). Nördlich des Barrancos liegt es am Ende einer

Costa Calma

Die Playa Barca ist als Windsurfrevier international bekannt

Piste nahe einer Felsnase, durch die Wellen ein Tor genagt haben. Bei Flut und bewegter See schießen die Wassermassen schäumend durch die Naturdüse. An dem Strand lohnt es sich, ein wenig zu verweilen: In kleinen Becken, die die Flut aus dem flachen Sedimentgestein gewaschen hat, schwimmen bei Ebbe scheue Fischchen oder ziehen Würmer seltsame Spuren, ockerfarbene Felsen, schwarze Kiesel und rötlicher Sand bilden wechselnde Muster und Kontraste, und oben auf dem Felstor verdunstet die hoch aufgespritzte Gischt in natürlichen Salzpfannen.

Die Straße südlich des Barranco führt vorbei an der Wellenreitschule *Cowabunga (Tel. 619 80 44 47)*, die ihre Gäste gern aus Costa Calma abholt, zum langen Sandstrand *Playa del Viejo Rey*, wo die nötige Brandung herrscht (Zugang über Stufen).

Der Reitstall *Rancho Barranco de los Caballos (Tel. 619 27 53 89 oder 928 17 41 51)* links der FV 605 Richtung Pájara bietet erfahrenen Reitern wunderschöne Ausritte in dem weitgehend menschenleeren Terrain an der wilden Westküste. Zu seinen Kunden zählen die Robinson-Clubs. Von unweit der Pferderanch bricht *Sahara Sports* zu Rundfahrten auf Enduros auf. Ein Kleinbus sorgt für den Antransport aus Costa Calma und Jandía Playa *(Tel. 606 60 00 90)*.

Nicht zu vergessen ist schließlich die *Golf-Akademie* (siehe »Sport & Aktivitäten«).

DER SÜDEN

Playa Barca [113 D4–5, E4]

★ Dieser mittlere Abschnitt der Sandstrände, an deren Nordende die Costa Calma liegt, ist der schönste Teil der Playas de Sotavento. Hier hat sich hinter einer kaum 20 m schmalen, doch 4 km langen Nehrung eine bis über 100 m breite Lagune ausgebildet. Sie ist leicht zu durchwaten und fällt bei Ebbe weitgehend trocken. (Die Nehrung wird manchmal überflutet; passen Sie auf, dass Ihre Sachen nicht wegschwimmen!) Einzige größere Baulichkeit ist das Hotel *Sol Gorriones*. Die Playa Barca gilt als eines der besten Windsurfreviere der Welt. Jedes Jahr im Juli finden hier Weltmeisterschaften statt.

ESQUINZO

[112 C6] An der Landstraße nach Morro Jable zweigen bei Kilometer 82,2 und 82,4 zwei Stichstraßen zur kleinsten Feriensiedlung der Halbinsel ab. Esquinzo (auch: Valle d'Esquinzo) besteht aus zwei nicht zusammenhängenden Teilen. Über die Zufahrt mit dem Schild »Esquinzo Farmacia« gelangt man zum älteren Teil der Ortschaft mit kleinen Apartmentanlagen und den erwähnten Restaurants. Die zweite Ausfahrt (»Esquinzo Butihondo«) führt zum repräsentativen neuen Teil mit dem Robinson Club und weiteren Ferienanlagen. Esquinzo liegt auf einem zum Strand hin abschüssigen Terrain. Da die Küstenstraße weiter oben verläuft, wohnt man hier sehr ruhig. Auch sonst herrscht im Ort nur wenig Trubel. Vor allem die Gäste im älteren Teil von Esquinzo wissen das zu schätzen.

ESSEN & TRINKEN

Marabú
Insider Tipp

Wer im Süden im Tourismus arbeitet, führt hierhin seine Gäste aus. Denn hier stimmt alles: die Atmosphäre, die Bedienung, das erfreuliche Preis-Leistungs-Verhältnis sowie die Auswahl und die Qualität der Speisen – kanarische und internationale Gerichte, frische Zutaten, gute Weine. Mit Terrasse. *So geschl., Calle Bonn (ab Landstraße geradeaus abwärts), Tel. 928 54 40 98,* €€

El Marinero

Familie Di Meglio serviert Italienisches und Internationales. Mit windgeschützter Terrasse. *Mi–Mo ab 15 Uhr, eine Parallelstraße nördlich des Marabú, Tel. 928 87 21 64,* €€

ÜBERNACHTEN

Esquinzo

Die freundliche Apartmentanlage mit 70 Wohneinheiten und Pool ist die älteste in der Ortschaft. Angeschlossen ist das Restaurant *El Marinero. Tel. und Fax 928 54 40 85,* €

Fuerteventura Princess/ Club Jandía Princess

Zwei clubähnliche Vier-Sterne-Hotels, die jeweils aus einem großen Haupthaus, zweigeschossigen, locker im Garten verteilten Wohnbauten und einer Poollandschaft mit Restaurants und Barpavillons bestehen. Bei beiden besticht die kanarische Optik mit weißen Wänden und dunklem Holz. Besonders das Haupthaus des *Fuerteventura Princess* mit seiner riesigen Halle ist eine innenarchitektonische Offenbarung. Das *Jandía Princess* hat

GRAN TARAJAL

528, das *Fuerteventura Princess* 715 klimatisierte Zimmer, jeweils mit Telefon und Balkon oder Terrasse, oft mit Meerblick; dazu Tennisplätze, Sauna, Animation und direkter Strandzugang. *Fuerteventura Princess, Tel. 928 54 41 36, Fax 928 54 41 37; Jandía Princess, Tel. 928 54 40 89, Fax 928 54 40 97, www.princess-hotels.com, beide €€*

Monte del Mar
80 moderne Apartments, vielfach mit Meerblick, dazu Pool, Bar und ein kleiner Supermarkt. *Gegenüber vom Strandzugang, Tel./Fax 928 54 40 88, €€*

Robinson Club Esquinzo Playa
Der neuere der zwei Robinson Clubs auf der Insel bietet Platz für 1000 Gäste und ist vor allem auf Familien zugeschnitten. Animation und Kinderbetreuung sind perfekt. Ein Teil der Anlage ist Ruhezone. Direkter Strandzugang. *Tel. 928 16 80 00, Fax 928 16 84 00, €€€ (Vollpension)*

FREIZEIT & SPORT

Unten im Barranco liegt ein Tennisplatz *(Buchung über Monte del Mar)*. Seit auf dem Hügel von Esquinzo der Robinson Club ein neues Domizil eröffnet hat, ist auch in Sachen Wassersport mehr los. Die Surf- und Segelstation unterhalb des Clubs ist offiziell jedoch den Clubmitgliedern vorbehalten. Am Strand ist FKK verbreitet.

AM ABEND

Im älteren Teil Esquinzos trifft man sich in der *Safari Bar* am Pool von Monte del Mar.

ZIEL IN DER UMGEBUNG

Dünen bei Risco del Paso [113 D5]

★ Bei Risco del Paso (Abzweigung von der Landstraße auf eine asphaltierte Piste bei km 71,8) endet die Lagune der Playa Barca. Die Attraktion dieses Strandabschnittes – des schönsten auf der ganzen Insel – sind zwei Sanddünen, begrünte Sandhügelchen und lauschige Mulden (viel FKK). Eine zweite, kürzere Zufahrt ist südlich des Barranco del Salmo bei Kilometer 75,5 ab dem dortigen, sehr lohnenden Aussichtspunkt (mit kleinem Parkplatz) möglich. Das Meer vor Risco del Paso ist ein beliebtes Surfrevier. Ein paar kleine Anlagen ermöglichen es, in dieser optimalen Lage zu wohnen – ohne Telefon, z. B. in der unter deutscher Leitung stehenden *Villa Christina (Buchung über Fax 928 87 02 60 oder www.risco-del-paso.com)*. Unterhalb davon unterhält René Egli eine Surfstation mit einer Bar.

Wundern Sie sich nicht über einzelne Spanier in schwarzer Badehose, die durchs Gelände streifen: Es sind Sittenpolizisten, die aufpassen, dass in den Mulden und Strandburgen nichts Erregenderes geschieht als hüllenlose Bräunung.

GRAN TARAJAL

[114 C3–4] Eigentlich zeichnet sich das kleine, verschlafene Hafenstädtchen (10 000 Ew.), dessen Name »Große Tamariske« bedeutet, durch nichts Besonderes aus. Wenn Sie aber einmal dagewesen sind, werden auch Sie vielleicht zu denen gehören, die immer wiederkommen.

Insider Tipp

DER SÜDEN

Vor der Ortseinfahrt passieren Sie einen großen, lichten Palmenhain, dann parken Sie den Wagen im Zentrum, lauschen für ein Weilchen dem Geplätscher des Brunnens auf dem schattigen Hauptplatz, flanieren ein paar Schritte auf der großzügigen Strandpromenade und bestellen sich schließlich im *Café Miramar* einen *café con leche* (Milchkaffee). Sie blicken über den schwarzen Sandstrand auf das glitzernde Meer, beobachten das Treiben am Strand und fühlen sich unendlich wohl ...

Gran Tarajal, das verwaltungsmäßig dem wesentlich kleineren Tuineje untersteht, ist die zweitgrößte nicht vom Tourismus geprägte Ortschaft der Insel. Von hier aus wurden früher die um Tuineje angebauten Tomaten verschifft, und noch früher, als es noch keine Lastwagen und keine entsprechenden Straßen gab, erhielten sogar die Einwohner von Morro Jable auf der Halbinsel Jandía ihr Gemüse und sonstige Waren von Gran Tarajal aus auf dem Seeweg. Heute ist der Hafen nahezu funktionslos geworden, denn die Tomaten werden in Gran Tarajal nur noch verpackt und dann per Lastwagen nach Puerto del Rosario befördert. Einzig für die Fischerei genießt der Hafen noch eine geringe Bedeutung.

EINKAUFEN

Queseria Maxorata *(Insider Tipp)*
Bei Kilometer 39,7 an der Straße nach Tuineje – nördlich der großen Landstraßenkreuzung rechter Hand – kann man direkt von der Inselmolkerei Ziegenkäse in vier Reifestufen erstehen (nur ganze, doch kleine Laibe). *Mo–Sa 9–16 Uhr*

ZIELE IN DER UMGEBUNG

Las Playitas und Punta de la Entallada
Nur 4 km östlich von Gran Tarajal liegt der kleine Fischerort *Las Playitas* [115 D3] in malerischer Lage an einem Hügel überm Meer. Schon der Name, »die Ströndchen«, deutet darauf hin, dass alles hier etwas kleiner ausfällt. Besonders schön ist es nachmittags an der kleinen Mole, wenn die Fischer ihren Fang anlanden. Gespeist wird ebenda im *La Rampa*, einem guten Fischlokal (€).

Kurz vor der Ortseinfahrt zweigt nach Osten eine Asphaltstraße ab. Sie führt zum Südostkap von Fuerteventura, der *Punta de la Entallada* [115 E4], auf deren höchstem Punkt ein fotogener 🔆 Leuchtturm steht.

Dekorativ der Leuchtturm an der Punta de la Entallada

Morro Jable/Jandía Playa

Morro Jable/ Jandía Playa

[112 B6] Dieser Doppelort am südlichsten Punkt von Fuerteventura ist das größte touristische Zentrum der Insel. Er besteht aus zwei sehr unterschiedlichen Teilen. Morro Jable (auch: Morro del Jable) ist ein nicht eben altes, doch traditionelles Hafenstädtchen in schöner Lage. Östlich davon, jenseits eines Hügels, der allerdings bereits vollständig bebaut ist, bilden Hotel- und Apartmentkomplexe eine große Feriensiedlung, für die sich in deutschen Katalogen die Bezeichnung Jandía Playa oder kurz Jandía eingebürgert hat. Die offiziellen Namen sind Solana de Matorral oder Solana de Jandía. Der dazugehörige Strand ist die *Playa de Matorral.*

Jandía Playa besteht im Wesentlichen aus einer repräsentativ angelegten, begrünten Hauptstraße, an deren einer Seite sich gegen den Hang gebaute, oft terrassiert angelegte Hotel- und Apartmentkomplexe hinziehen. Hier gibt es auch Bars, Restaurants und viele Läden, sodass sich vom *Stella Canaris* im Osten bis zum klobigen älteren Shopping Center *Cosmo* im Westen eine Flaniermeile herausgebildet hat, auf der besonders abends recht viel los ist. Auf der anderen Seite der Hauptstraße liegt eine geschützte Salzwiesenzone und dahinter der Strand.

Kleiner, ruhiger, stimmungsvoller und näher am Wasser ist die Strandpromenade, die am Robinson Club beginnt und bis Morro Jable zu den dortigen Fischrestaurants führt. Hier bietet das enge, schlichte und spanisch dominierte Morro Jable in vielerlei Hinsicht einen interessanten Kontrast zu der künstlichen, groß dimensionierten Feriensiedlung in seiner Nachbarschaft.

Dank der terrassenförmigen Hangbebauung kann man hier immer damit rechnen, ein Zimmer mit Seeblick zu bekommen. Außerdem wohnt man überall strandnah. Allerdings muss man mit wenigen Ausnahmen erst die Hauptstraße kreuzen und die Salzwiesenzone durchqueren, ehe man den Strand erreicht.

Heute dehnt sich Jandía Playa immer mehr nach Osten aus, wo die Straße nicht mehr ufernah verläuft. Die neuen Häuser dort bieten ebenfalls direkten Strandzugang.

Fuerteventura seitenweise

Tipps für interessante Bücher über die Insel

Den schönsten Band mit Landschaftsfotos und – teils romanhaft ausgestalteten – Texten zur Inselgeschichte finden Sie vor Ort in vielen Läden: »Fuerteventura – Magie einer Insel« von Karin Meurer und Rainer Müller. Eine von Naturfreunden lange empfundene Lücke füllt der »Costa Calma Naturführer« von Martin Lechner. Das preisgünstige Büchlein stellt Tiere und Pflanzen vor, die man an Stränden rings um die Insel finden kann.

DER SÜDEN

ESSEN & TRINKEN

Wenn Sie den Weg nicht scheuen, gehen Sie zu einem stimmungsvollen Mittag- oder Abendessen nach Morro Jable. An der dortigen Strandpromenade speist man viel schöner als an der Hauptstraße von Jandía Playa. Qualitativ, im Speiseangebot und preislich unterscheiden sich die Lokale nur wenig. Die Standardkombination von frischem Fisch, *papas arrugadas* und Meeresblick sorgt fast überall für zufriedene Gäste. Wer mehr Wert auf den Geschmack als auf die Aussicht legt, sollte die »zweite Reihe« hinter der Promenade beachten, wo man teils besser, teils billiger speist. Ziemlich untouristisch wird es dann in den zwei schmalen Hauptstraßen von Morro, deshalb sollten Sie besser etwas Spanisch sprechen, wenn Sie in die dortigen Bar-Restaurantes einkehren wollen.

Eisdielen: Nahe dem Ende der Promenade in Morro Jable (hinter dem Restaurant *Clavijo*) erfreut sich das *Ciao Ciao* großer Beliebtheit. An der Hauptstraße von Jandía Playa liegt das deutsch geführte *Monte Gelato*, das auch unter dem Namen *Eisdealer* fungiert *(CC Faro, rechts vom Ärztezentrum).*

Coronado

Das feinste Restaurant am Ort führt eine kluge Auswahl an internationalen und kanarisch angehauchten Gerichten in guten Portionen. An der Bar trifft man oft den deutschen Seniorchef – ein Quell von Geschichten aus der Pionierzeit des hiesigen Fremdenverkehrs. *Mi–Mo 18.30–23 Uhr, neben dem Riu Palace Jandía, Tel. 928 54 11 74,* €€–€€€

Piccola Italia

Insider Tipp

Aus dem zünftig mit Holz befeuerten Steinofen kommen die besten Pizzen am Ort. *Do geschl., C. del Carmen 39, Tel. 928 54 12 58,* €

La Strada

Empfiehlt sich mit freundlichem Ambiente und einer guten Karte. *So geschl., am Barranco in Morro Jable, nahe der Promenade, Tel. 928 54 08 12,* €€

EINKAUFEN

Vom Stella Canaris im Osten über das *Centro Comercial Faro (auf Leuchtturmhöhe)* bis zum *Shopping Center Cosmo* herrscht entlang der Hauptstraße ein reiches Angebot an Läden. Preisgünstiger kaufen Sie jedoch in den rund 80 Läden unten in Morro Jable. Aus Jandía kommend, erreichen Sie in Morro rechts der talwärts führenden Straße (vor der Linkskurve) den großen Supermarkt *Padilla*.

ÜBERNACHTEN

In Jandía Playa stehen vorwiegend große bis sehr große Hotels und Apartmentanlagen, darunter mit Stella Canaris die größte der Kanaren. Es gibt mehr gute Anlagen, als hier vorgestellt werden können. Die unten ausgewählten genießen entweder einen Lagevorteil (zentral und strandnah) oder sind älteren Datums (und entsprechend schön begrünt) oder sind für das Gebotene relativ preisgünstig oder überzeugen durch eine Gesamtkonzeption, die verschiedenen Bedürfnissen gerecht wird. Mit berücksichtigt sind einige kleinere und persönlichere Anlagen in Morro Jable.

Morro Jable/Jandía Playa

Apartamentos Alberto
20 Apartments mit Meerblick, einfache, aber ausreichende Ausstattung. *Avda. del Faro 4, Morro Jable, Tel. 928 54 51 09, Fax 928 54 51 27, €€ (ohne Verpflegung)*

Aquamarin
17 teils sehr geräumige Zimmer mit Balkon oder Terrasse, Pool, sehr ruhig gelegen. Sehr gutes Preis-Leistungs-Verhältnis. *Urbanización Stella Canaris 23–28 (im Tal neben Stella Canaris, 2. Straße links), Tel. 928 54 03 24, Fax 928 54 03 59, www.aquamarin.com, €€*

Casablanca
Kleine, deutsch geführte Anlage mit gut ausgestatteten 13 Apartments bzw. Studios (Meerblick). Kleiner Pool. *Avda. del Faro 8 (am Hang oberhalb von Morro Jable), Tel. 928 54 17 44, Fax 928 54 02 35, €€*

Club Aldiana
In der großzügigen, parkähnlichen Anlage mit direktem Strandzugang wohnt man in einem Hoteltrakt oder in lose gruppierten Bungalows (361 Wohneinheiten, viele mit Meerblick), in denen auch ruhebedürftige Gäste Erholung finden. Kinder werden ebenfalls gut betreut. Außer dem üblichen Angebot an Gastronomie, Läden, Diskothek, Pool usw. gibt es eine Surf- und Segelschule, Tauchkurse, ein Fitnessstudio, Golftrainingsanlage, Fahrradverleih, Squash, Tennis und einiges mehr. Wohl keine Ferienanlage in Jandía bringt die Vorzüge der Insel so gut zur Geltung wie diese. Ruhe und sportliche Betätigung, Einsamkeit und Geselligkeit, Natur und Kultur stehen hier in optimalem Verhältnis. *Valle de Butihondo (3 km vor der Ortseinfahrt, bei Landstraße Kilometer 85), Tel. 928 16 98 70, Fax 928 54 10 93, www.aldiana.de, €€€ (Vollpension)*

Faro Jandia
Ein neues Haus in beschwingten Formen und in zentraler Lage, daher eine gute Wahl für alle, die auch gern mal etwas außerhalb des Hotels unternehmen. Die 214 Zimmer (alle mit Loggia, viele mit Meerblick) sind klimatisiert. Zur Anlage gehören Pool, Sauna, Fitnessraum, Tennis, Minigolf. *Avda. del Saladar (Leuchtturmhöhe), Tel. 928 54 50 35, Fax 928 54 52 40, www.farojandia.com, €€€*

Riu Calypso
Komfortables Vier-Sterne-Hotel mit individuellen Terrassen (fast alle mit Meerblick) und direktem Strandzugang. Tennis, Pool, Fitness. 248 Zimmer (auch Nichtraucher). *Östlich von Morro Jable, Tel. 928 54 00 26, Fax 928 54 03 70, €€€*

Riu Palace Jandía
Das Haus beansprucht, das beste am Platz zu sein. Von der hohen Warte über dem Strand aus bieten die meisten der 209 geräumigen Zimmer in der Tat beste Aussichten. Allerdings ist der Poolbereich etwas eng, und es gibt viele Stufen. Zum Strand schwebt man aber in einem Glaslift hinab. *Jandía Playa, Tel. 928 54 03 70, Fax 928 54 23 52, €€€*

Robinson Club Jandía Playa
Die palmenbestandene Anlage mit Pool und allem, was solch ein Club sonst noch bietet, liegt als einzige im flachen Vorland unmittelbar am Strand. Bei den Gästen überwiegen junge Paare und Singles – für Fami-

DER SÜDEN

lien ist der Club in Esquinzo gedacht. Die meisten Gäste wohnen in einem (1998 renovierten) Sechzigerjahre-Hochhaus. Zum Sportangebot gehören Tennis, Tauchen und Windsurfen. *Jandía Playa, an der Hauptstraße, Tel. 928 16 91 00, Fax 928 16 95 40, www.robinson-club.com, €€€ (Vollpension)*

Stella Canaris
Schon eine Stadt für sich ist diese größte Hotel-, Apartment- und Bungalowanlage der Insel, die sich von der Uferstraße fort in ein Seitental hinein und den Hang hinauf erstreckt. Die rund 1000 Wohneinheiten, alle mit Telefon, verteilen sich auf sehr verschiedene Gebäude. Der nahe Strand mit Zugang durch einen Tunnel unter der Hauptstraße, der riesige Palmengarten mit Zoo, mehrere Pools sowie spezielle Angebote für junge Gäste machen Stella Canaris zu einem Paradies für Familien mit Kindern. Entsprechend lebhaft geht es zu. Sogar ein eigenes Kinderbüfett sowie eine Kinderpark-Bar wurden eingerichtet. Ferner gibt es eine Reitschule, Tennis, Squash, eine Disko und vieles mehr. Auch wenn drei Aufzüge die größten Höhenunterschiede überwinden helfen, sollten alle, die nicht mehr so gut zu Fuß sind, und Familien mit Kinderwagen die im Tal gelegenen Teile der Anlage vorziehen. *Jandía Playa, an der Hauptstraße, Tel. 928 87 33 99, Fax 928 87 34 95, www.stellacanaris.com, € – €€*

Ob Burgen bauen oder Ball spielen, am Strand von Morro Jable ist Platz

FREIZEIT & SPORT

Bootsausflüge
Mitsegeln: Ab Morro-Hafen (westlich der Stadt) laufen täglich mehrere Ein-Rumpf-Yachten und Katamarane zu Tagestouren aus, z. B. Katamaran »Sun Cat« oder Yacht »Maxi« *(Infotel. 646 54 78 85)*, Yacht »Oceano« *(Tel. 649 98 44 06)*. Nostalgischen Segelspaß bietet der 1940 erbaute Zweimastschoner »Pedra Sartaña«, buchbar über die Reiseleitung. Tauchfahrten bis 30 m Tiefe ermöglicht »Subcat« *(Tel. 928 16 63 92)*.

Fahrräder
Fuertebike vermietet Räder und organisiert Touren. *Tel. 629 36 27 95, www.fuertebike.com*

Hochseeangeln
Zum Teil über die Reiseleitung buchbar. Für echte Enthusiasten, die mit nur wenigen Angelkumpanen auch mal in der Dämmerung aufs Wasser wollen, hat Captain Günter das passende Angebot *(Tel. 639 03 81 75, www.fishbuster-sportfishing.com)*.

Morro Jable/Jandía Playa

Rasantes Vergnügen auf dem Wasser: Jetski fahren

Jetski
Ein deutscher Betreiber am Hafen bietet täglich vier heiße 90-Minuten-Ausflüge entlang der Südküste, auch Wasserski, Wakeboard und Bananenboot *(Tel. 616 43 71 84).*

Motorrad- & Quadausflüge
Ausflüge auf Enduros oder Quads: *Sahara Sports, Tel. 606 60 00 90*

Segeln, Windsurfen
Erster Anbieter am Ort ist die Surf- und Segelstation an der Strandseite des *Robinson Club (Tel. 928 16 95 39).* Katamaransegeln bietet auch das *Nautic Center (unterhalb vom Club Aldiana, Tel. über Aldiana 928 16 95 39, App. 119).*

Strände
Am bis zu 50 m breiten Strand von Jandía Playa *(Playa de Matorral)* mit seinem feinen, goldgelben Sand wird's trotz des Betriebs nicht eng. Zwei Liegen und ein Sonnenschirm kosten deftige 9 Euro Miete pro Tag. FKK ist in Stadtnähe unerwünscht.

Tauchen
Langjährig etabliert ist die *Tauchschule Felix (Jandía Playa, westlich neben CC Faro an der Hauptstraße, Tel. 928 54 14 18).*

Tennis
Das *Tennis-Center* am Stella Canaris steht auch Hotelfremden offen. Die Tennisschule *Matchpoint* bietet dort Kurse an *(Tel. 639 31 36 64, in Jandía Playa an der Hauptstraße neben Stella Canaris).*

AM ABEND

Seit vielen Jahren bei beinahe allen Altersstufen beliebt ist die Disko *Stella (Stella Canaris, neben dem Tennis Center).* Donnerstags bis samstags zu sehr später Stunde füllt Latinomusik die Tanzbar *Noche tropical* besonders mit Spaniern. **Insider Tipp**

Nichttänzer bevölkern die Kneipen entlang der Hauptstraße. Vor allem die geräumigen Freisitze neben Stella Canaris sind zu Recht beliebt. Dort besonders zu empfehlen: die *Cervezería Olimpo,* die nicht nur Bier *(cerveza)* ausschenkt, sondern auch gute Cocktails mixt. **Insider Tipp**

Unter den Kneipen im CC Cosmo ist das *Surf-Inn* mit sandbedeckter Terrasse der Treff von Animateuren, Surflehrern und sonsti- **Insider Tipp**

DER SÜDEN

gen Sportgestählten *(ganz oben)*. In der *Klamotte (eine Etage tiefer)* kehren nach Mitternacht vor allem Spanier ein. Gehobene Baratmosphäre bietet die feine Bar des *Coronado (neben Riu Palace Jandía)*.

AUSKUNFT

Oficina de turismo
Im Keller des CC Cosmo, Mo–Fr 8–15 Uhr, Tel. 928 54 07 76

ZIEL IN DER UMGEBUNG

Jeepfahrt zum Westkap und nach Cofete

★ Der schönste Ausflug, den man im Südteil Fuerteventuras machen kann, führt zur Westspitze der Insel, der Punta de Jandía, und hinüber zur fast menschenleeren Nordwestküste von Jandía. Zwar genügt dafür eigentlich ein normaler Pkw, doch ein, zwei Abstecher erfordern einen Geländewagen, mit dem das Ganze auch mehr Spaß macht.

Auf der Landstraße umfährt man zunächst Morro Jable, oberhalb des Hafens zweigt dann die ausgeschilderte Piste ab. Sie führt über 20 km in einigem Abstand zur Küste durch eine pflanzenarme Halbwüste. Nach 6 km passiert man die *Casas de Joros* **[112 A6]**, eine alte Tomatenpflanzung. Bald flachen die Berge mehr und mehr ab. Kurz vor dem Ziel, der schmal ins Meer vorspringenden und mit einem Leuchtturm gekrönten *Punta de Jandía*, liegt das Dörfchen *Puerto de la Cruz* **[112 A2]**. Drei Kneipen bieten frische Fischgerichte.

Von Puerto de la Cruz aus bietet sich noch ein Abstecher an: Gegenüber vom Lokal *Punta Jandía* zweigt eine schmale Asphaltstraße nach Norden zur nahen ↙ *Punta Pesebre* **[112 A1]** ab. Rechts der Straße erkennt man eine parallel verlaufende alte Landebahn.

Fahren Sie nun zurück bis zu jener Abzweigung, von der man über eine Passstraße zur Nordküste nach Cofete gelangt. Bald erreicht man am *Roque del Moro* das schönste ↙ Aussichtsplateau des Inselsüdens (Passen Sie auf, dass Ihnen der heftige Wind nichts aus dem offenen Wagen oder die Mütze vom Kopf reißt!). Unten dehnt sich der helle Sandstrand der *Playa de Cofete* **[112 A–B 4–5]**, die im Osten von El Islote, dem »Inselchen«, begrenzt wird. Dahinter wird der ebenso weitläufige Strand *Playa de Barlovento* sichtbar, und bei guter Sicht schweift der Blick sogar weit nach Nordosten bis zu den Bergen bei Pájara. Von den Stränden schwingen sich die Hänge ohne Unterbrechung hinauf bis zum *Pico de Jandía* (auch Pico de la Zarza), dem mit 807 m höchsten Berg der Insel. Abseits des nun folgenden Pistenstücks stehen große, kandelaberförmige Pflanzen, die Kakteen ähneln. Diese *Cardón de Jandía* genannte Unterart der Säuleneuphorbien zählt zu den botanischen Raritäten der Insel.

Der nächste Ort ist *Cofete* **[112 A5]**, eine Ansammlung von einfachen Häusern und Bretterbuden ohne fließend Wasser und mit eigenen Generatoren für die Stromversorgung. Nur wenige Menschen wohnen hier, sie leben von der Ziegenhaltung. Die Bar *Cofete,* bei der die Jeepsafaris Station machen, serviert auch Fischgerichte.

Vom Parkplatz aus erkennt man am Hang voraus ein einsam liegendes, zweigeschossiges Gebäude mit

75

TARAJALEJO

rundem Turm: die legendenumwobene *Villa Winter* [112 B5]. Sie ist nur per Jeep oder zu Fuß zu erreichen. Wie es heißt, sollte der deutsche Ingenieur Gustav Winter, der 1937 die Halbinsel pachtete, hier für die deutsche Marine einen U-Boot-Stützpunkt anlegen. Dass es je dazu kam, ist jedoch mehr als zweifelhaft, denn irgendwelche Reste einer solchen Anlage fehlen. Gewöhnlich wird auch das Flugfeld an der Westspitze mit Winter in Zusammenhang gebracht. In Wahrheit wurde es jedoch erst lange nach dem Krieg angelegt, um den deutschen Urlaubern die mühselige Anfahrt vom alten Flughafen Los Estancos zu ersparen. Dann baute die Inselverwaltung aber den neuen Flughafen südlich der Hauptstadt und die Straße nach Morro, sodass das Flugfeld auf Jandía nie in Betrieb ging. Die gern kolportierte These, das Flugfeld sei als Stützpunkt für die deutsche Luftwaffe konzipiert, ist wohl ebenso irrig wie die vom U-Boot-Bunker.

Einzig die zivile Villa zeugt von der Ära Winter. Der Angabe von Winters Witwe zufolge entstand der Landsitz erst 1947. Aber warum wollte Winter in dieser Einsamkeit solch einen Bau errichten? Hatte er sich einfach in die tolle Szenerie verliebt? Sicher ist, dass die Villa nie ganz fertig und nie von den Winters bewohnt wurde, dass aber große Teile von Jandía unter Franco in das Eigentum Winters übergingen, dessen Erben so noch kräftig vom Tourismusboom profitierten. Die Villa wird heute von Ziegenhirten bewohnt. Eine reguläre Besichtigung ist nicht möglich, ein Handgeld hilft jedoch die Türen öffnen. Viel Geheimnisvolles gibt's aber nicht zu entdecken.

Von einer Weiterfahrt entlang der endlosen Sandstrände sollten Sie absehen: Das Querfeldeinfahren ist im Naturpark verboten, und wer geschnappt wird, zahlt eine empfindliche Geldstrafe. Die gesamte Fahrzeit für den Ausflug ab Morro Jable über das Westkap, Cofete und zurück liegt ohne Abstecher und Rastzeiten bei drei Stunden. Alles in allem sollten Sie fünf Stunden einplanen.

Nach Cofete können Sie auch wandern: über einen alten Königsweg. *Fahren Sie dazu 3,2 km vom Beginn der Piste beim Hafen bis zum Grande Valle, wo Sie von der Piste nach rechts (faktisch fast geradeaus) abzweigen und an einer schäbigen Hüttensiedlung auf Schusters Rappen umsteigen. Gehen Sie geradeaus das Tal aufwärts. Der Weg wurde neu hergerichtet, und Sie können sich nicht verlaufen. Hin und zurück braucht man jeweils zwei Stunden. Vom Bergsattel aus haben Sie einen tollen Blick.*

TARAJALEJO

[114 A4] An einem lang gestreckten, dunklen Kiesstrand an der Südküste ist neben einem kleinen, schmucklosen Fischerort eine ebenfalls eher einfache Feriensiedlung entstanden. Immerhin bietet der Ort ein paar bescheidene Vorzüge, darunter einen Reitstall und ein Meerwasseraquarium (siehe »Mit Kindern reisen«).

ESSEN & TRINKEN

La Baraca
Speisen auf einer Terrasse direkt am Strand, dazu billig, wenn auch schlicht. Guter Kaffee. *C. Isidro Díaz, So geschl., Tel. 928 16 10 89,* €

DER SÜDEN

ÜBERNACHTEN

Tofio
Das direkt am Strand gelegene Aparthotel bietet Meerwasserschwimmbecken, Disko, Supermarkt, Squash, Tennis, Minigolf und eine rührige Animation. Feinschmecker und Ruhebedürftige werden hier allerdings nicht glücklich. 412 Einheiten. Dem Hotel gehört der einzige reguläre Zeltplatz der Insel (am Reitstall Brasero). *Tel. 928 16 10 01, Fax 928 16 10 28, €*

FREIZEIT & SPORT

Zum Hotel Tofio gehört der Reitstall *El Brasero*. Er steht auch hotelfremden Gästen zur Verfügung *(beim Restaurant Brasero an der Landstraße Richtung Norden)*. Dort findet sich auch ein *Meerwasseraquarium*. Die Tauchschule *Big Blue* und die *Cat Company* (Katamaransegeln) bieten nasses Vergnügen unter bzw. auf dem Wasser *(an der Seeseite des Hotels Tofio)*. Motorräder vermietet *CRC Bikes (C. La Gaviota, Tel. 928 16 13 72);* vermitteln auch Quad-Touren.

AM ABEND

Hard Rock Café
Als Bikertreff gedacht, aber alle anderen sind auch willkommen. *An der FV 2 Richtung Norden rechter Hand*

ZIELE IN DER UMGEBUNG

La Lajita, Oasis Park, Kaktusgarten [113 F4]
5 km westlich von Tarajalejo liegt direkt an der FV 2 nördlich des Weilers La Lajita das Hauptausflugsziel des Südens: der große, wunderbar begrünte *Oasis Park* mit Zoo, Pflanzenverkauf, Kamelsafari, Gartenlokal und Papageienshow (siehe »Mit Kindern reisen«). Noch 700 m weiter auf der FV 2 gelangen Sie zum *Kaktusgarten*, einem von Spazierwegen erschlossenen, 16 ha großen Park mit über 2000 Pflanzenarten – vorwiegend Kakteen und Euphorbien –, einem kleinen Bach, Pavillons und Restauration *(tgl. 9–18 Uhr, Eintritt 5 Euro)*.

La Lajita ist ein untouristisches Fischerdorf mit einem Kirchlein und einer Ringkampfarena. Im Bar-Restaurante *Ramón (€)*, am Strand neben der Kirche, lässt es sich auf einer geschützten Terrasse gut speisen.

Über 2000 Arten: Pflanzenvielfalt im Kaktusgarten bei La Lajita

AUSFLÜGE & TOUREN

Durch das Land der Majoreros

Die Touren sind in der Karte auf dem hinteren Umschlag und im Reiseatlas ab Seite 106 grün markiert

1 HÖHEPUNKTE DES NORDENS: LAVA, DÖRFER, DÜNEN

Corralejo – Majanicho – Lajares – Cotillo – La Oliva – Tindaya (Abstecher zur Playa de Jarugo) – Tefía – Puertito de los Molinos – Puerto del Rosario – Dünengebiet El Jable – Corralejo. Strecke: 152 km, ohne Abstecher 133 km, Dauer: 8 Stunden inklusive Aufenthalte, ohne Abstecher ca. 7 Stunden.

Die Rundfahrt führt durch Lageröll und Dünen, zum heiligen Berg Tindaya und an die schroffe Westküste und bietet in einem Freilichtmuseum Einblicke in das Leben der Majoreros, wie die alteingesessenen Insulaner heißen.

Die Fahrt verläuft zunächst von der westlichen Umgehung *Corralejos (S. 35)* aus über eine kurvige Piste an einer kleinen Bucht und der Meerwasserentsalzungsanlage vorbei durch einen unwirtlichen, von schwarzem, flechtenbewachsenem Lavageröll übersäten Landstrich. Die Steinwüste *(Malpaís)* entstand durch die südlich aufragenden Vulkane bei der letzten Serie von Ausbrüchen vor zehntausend bis viertausend Jahren. Nach 3 km ist das Nordkap der Insel *(Punta de la Tiñota)* erreicht, ein beliebter Platz für Windsurf-Cracks. An manchen Stellen hat sich zwischen schwarzen Steinen weißer Sand angesammelt, ein merkwürdiger Kontrast. In *Majanicho*, einem verschlafenen Nest an einer flachen Bucht, zweigt nach Süden eine breite, gerade Piste ab, über die man bald *Lajares (S. 44)* erreicht, ein Zentrum des Kunsthandwerks. Biegen Sie am Kreisel nach rechts auf die alte Landstraße nach Cotillo ein. Sie führt mitten durch früheres Ackerland, in dem Lavageröll wegen seiner Wasser anziehenden Wirkung ausgelegt wurde; die Lavamauern schützten die Felder vor den Ziegen.

Cotillo (S. 42) ist für seine Fischlokale bekannt. Vom südlichen Ortsrand mit Festungsturm, Kalköfen, neuem Hafen und Minipromenade aus gewinnen Sie einen ersten Eindruck von der rauen Westküste. Nun geht's über die FV 10 nach *Oliva (S. 45)*, Haupt-

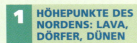

Bauerndorf in den Bergen, umgeben von Terrassenfeldern

stadt des Inselnordens. Die große Kirche und die Casa de los Coroneles, der größte alte Herrensitz der Insel, sind meist geschlossen, nicht aber das schöne Centro de Arte Canario mit moderner Kunst. Von Oliva rückt dann Richtung Südwesten der rote *Montaña Tindaya*, der heilige Berg der Altkanarier, näher *(S. 47)*.

Bei schönem Wetter lohnt ein Abstecher zu einem einsamen Strand, der *Playa de Jarugo* – wegen des schlechten Zustands der Piste aber besser nur per Jeep: Von der Landstraße fährt man ins Dorf Tindaya, an der Bar González rechts ab bis zum weißen Turm einer kleinen Umspannstation (linker Hand), dort links und die nächste wieder rechts – und nun »der Nase nach«. Wenn Sie links das letzte Haus sehen (mit einer großen Palme, liegt weit zurück) und ein Verkehrsschild passiert haben, biegt die Asphaltstraße an einer Einmündung von rechts nach links ab. Sogleich nimmt man die nächste Gabelung nach rechts – die Asphaltdecke endet – und folgt der Piste. Nach knapp 10 km ab Landstraße ist das Ziel erreicht: die Mündung eines breiten Tals mit gelbem Sandstrand, einem Bächlein und einer kleinen Dünenlandschaft. Manchmal zelten ein paar Spanier hier, sonst kündet nur der herumliegende Plastikmüll von der Zivilisation. Nach Süden über das Felsgeröll erreicht man einen zweiten, kleineren Strand. Bleiben Sie beim Baden wie fast überall an der Westküste unbedingt im Flachwasser!

Von Tindaya auf der FV 10 weiter nach Süden passieren Sie die *Montaña Quemada (S. 48)* mit dem Standbild des Dichters Miguel de Unamuno, der Fuerteventura ein literarisches Denkmal setzte.

Bald darauf zweigt nach rechts die FV 207 Richtung *Tefía* ab. In dieser bäuerlichen Streusiedlung lädt das interessante *Freilichtmuseum La Alcogida (S. 90)* zu einer längeren Rast ein.

Noch ein Stück nach Süden, dann biegen Sie rechts in die beschilderte Stichstraße nach Puertito de los Molinos ein. Rechter Hand, hinter einer restaurierten alten Mühle, befand sich der Flugplatz, auf dem am 24. Februar 1950 die erste zivile Passagiermaschine landete, die je die Insel anflog. In der Siedlung Las Parcelas (5,9 km ab Landstraße) zweigt an einer Rechtskurve nach links eine Schotterpiste zum Stausee *Embalse de los Molinos* ab. Sein Damm, der größte der Insel (102 m lang, 42 m hoch), wurde in den Vierzigerjahren errichtet. Das Becken ist oft nahezu leer; seinen Zweck, die Felder zu bewässern, konnte es nie erfüllen.

Nun retour und ans Meer – nach *Puertito de los Molinos,* dem »kleinen Mühlenhafen«. Dieses kleinste Fischerdorf der Insel ist, wenn nicht zu ungemütliches Wetter herrscht, ein wahres Idyll. Ein ganzjährig Wasser führender Barranco speist einen Ententeich, auf einem Platz steht ein Schrein der Mutter mit dem Kinde – mit seinem naiven Dekor aus Steinen, Muscheln, Seesternen, Seeigelschalen und Plastikblumen echte Volkskunst der Fischer zu Ehren ihrer Schutzheiligen. Zwei Gaststätten mit Terrasse bieten typisch kanarische Gerichte als leibliche Stärkung. Im *La Terrazza* (nur über den Strand erreichbar) speist man so nah am Wogengebraus wie nir-

Inside Tipp

AUSFLÜGE & TOUREN

gends sonst. Noch dramatischer ist das Gischten des Meeres an den Felsen am Südende des Strandes zu erleben; dort führt ein Pfad hinauf.

Zurück auf der Hauptstraße, geht es nun noch ein Stück weiter in Richtung Süden, dann über das Kirchdorf *Casillas del Angel (S. 55)* mit schöner Dorfkirche nach *Puerto del Rosario (S. 51)*, wo sich ein kleiner Hauptstadtbummel lohnt. Kehren Sie zu einem späten Mittag- oder frühen Abendessen in eines der empfohlenen Restaurants ein oder zu einem Imbiss mit Hafenblick in die *Bar Tinguaro*.

Zurück geht es über die Küstenstraße FV 1, die an der Feriensiedlung *Parque Holandés* vorbei zum Höhepunkt der Rundfahrt, dem großartigen Dünengebiet *El Jable (S. 35)*, und in der Fortsetzung wieder zurück an den Ausgangspunkt, nach Corralejo führt.

2 NACH BETANCURIA UND DURCHS BERGLAND

Costa Calma – Tuineje – Antigua – Betancuria – Vega de Río de las Palmas – Pájara – Ajuy – Wrack der »American Star« – Costa Calma. Strecke: 155 km, Dauer: 7 Stunden inklusive Aufenthalte, mit Wanderungen 9 Stunden.
Diese Tour ist die wohl schönste auf Fuerteventura. Durch das zentrale Bergland mit großartigen Aussichtspunkten führt sie zu den kulturhistorisch bedeutsamsten Orten der Insel. Die Gewalt des Ozeans spürt man in den Höhlen bei Ajuy und am Wrack eines früheren amerikanischen Luxusliners.

Die Anfahrt ist lang. Von den Ferienzentren im Süden kommend,

Bizarre Höhlen hat das Meer bei Puerto de la Peña aus dem Fels gewaschen

gelangen Sie durch die Tomatenanbauregion vor *Tuineje* zu diesem kleinsten der alten Hauptorte *(S. 56)*, in dessen Kirche Sie sich den Altar mit der Darstellung der Schlacht von Tamacite anschauen können. Vom nördlich gelegenen *Tiscamanita* mit seinem Mühlenmuseum aus lohnt ein Abstecher zum Vulkan *Caldera de la Laguna* mit Blick über Lavafelder und den Inselsüden *(S. 57)*. Weiter geht's nach *Antigua (S. 28)* mit dem kanarischen Handwerks- und Ausstellungszentrum nördlich der Stadt. Von Antigua führt die FV 416 zunächst noch durch die Ebene, dann aber steil bergauf. Von der Passhöhe des *Tegú* aus hat man einen phantastischen Blick über den Nordteil der Insel *(S. 31)*. Nun geht's ebenso steil hinab nach *Betancuria (S. 30)*. Die einstige Hauptstadt ist mit Klosterruine, Kirche, Museen und viel Kunsthandwerk das wichtigste Reiseziel im Inselinneren. Hier können Sie in der schönen *Casa Santa María* speisen. Weiter nach Süden gelangt man zur Palmenoase von *Vega de Río de las Palmas (S. 32)*, wo sich eine Wanderung in die Felsschlucht des *Barranco de las Peñitas* anbietet *(S. 32)*. Per Auto geht es nun wieder steil aufwärts bis zur nächsten Passhöhe mit einem großartigen Blick auf die Berge und in die Täler. Die folgende Talfahrt gen Süden endet in *Pájara (S. 49)*, das für seine Kirche mit ihrem mexikanischen Portal und prächtigen Altären bekannt ist. Man verlässt den Ort auf der FV 605, nimmt dann die Stichstraße FV 621, die an einem palmenbestandenen Tal entlang zum Fischerdorf *Ajuy/Puerto de la Peña (S. 50)* führt. Vom schwarzen Strand aus (mit Strandbar) erreichen Sie in wenigen Gehminuten vom Meer ausgewaschene Höhlen.

Fahren Sie nun zurück zur FV 605, biegen Sie nach rechts ab und 1,9 km weiter erneut nach rechts in eine abwärts führende Piste (bei Militärmanövern gesperrt). Folgen Sie ihr über 7,5 km (an einer Kreuzung der Hauptpiste folgend nach links), so gelangen Sie zur *Playa de Garcey* mit dem Wrack der »American Star«. Der alte Kreuzfahrer, in den Fünfzigerjahren Stolz der US-Flotte und als »America« zwischen New York und Bremerhaven unterwegs, sollte im Januar 1994 zum Abwracken nach Fernost geschleppt werden, riss sich im Unwetter los und brach hier in zwei Teile. Jetzt zernagen ihn die Wogen – das Heckteil haben sie schon geschafft. (Im Wasser lebensgefährliche Strömung!)

Wieder zurück auf der FV 605 (rechts ab) führt der Weg durch ein fast menschenleeres Bergland. Von der Passhöhe am Berg *Tablada* aus reicht der Blick bei nicht zu starkem Dunst weit die Küste der Halbinsel Jandía entlang. Hier lohnt es sich, die östlich (links) der Straße gelegene Anhöhe zu besteigen. Bei sinkender Sonne verändert das Gestein seine Färbung zusehends.

3 KÜSTENATTRAKTIONEN: SALZ, FISCH UND STRÄNDE

Caleta de Fustes – Las Salinas – Pozo Negro – Gran Tarajal – Las Playitas – Morro Jable. Strecke: 109 km, Dauer: 4–5 Stunden. Zu sehen sind eine Saline, die größte altkanarische Ruinenstätte

AUSFLÜGE & TOUREN

Nur nicht seekrank werden – Kamelritt bei La Lajita

der Insel und urige Fischerdörfchen. Dann wird am schönsten Sandstrand Fuerteventuras ausgiebig gebadet.

Von der Feriensiedlung *Caleta de Fustes* 3 km nach Süden, dann links ab über eine Piste nach *Salinas del Carmen (S. 34)*, und vor einem liegen alte Salzgärten. Leuchtend weiß glänzen die Meersalzhäufchen in der Sonne. Zurück zur Landstraße. Die nächsten 13 km gehen durch typische Fuerteventura-Halbwüste; dann zweigt man links in Richtung Pozo Negro ab. Nun noch 3 km, und eine Piste führt rechts ab durch einen alten Lavastrom zu der altkanarischen Siedlung *Atalayita,* deren igluartige Hütten aus Lavabrocken bestehen *(S. 30)*. In *Pozo Negro* selbst bieten schlichte Lokale am Strand Fischgerichte mit kostenlosem Brandungsrauschen *(S. 30)*.

Zurück auf die Hauptstraße fahren Sie in Richtung Süden, dann aber nach *Gran Tarajal (S. 68)*, wo Sie an der großzügigen Strandpromenade einen Kaffee oder ein kühles Getränk zusichnehmen können. Ein Abstecher durch den lichten Palmenhain führt nach *Las Playitas (S. 69)*, einer schön gelegenen Ortschaft, wo frischer Fisch direkt vom Boot verkauft wird.

Legen Sie bei der Weiterfahrt noch eine Pause bei *Tarajalejo* ein – wegen des Aquariums *(S. 91)* – und bei *La Lajita,* um einen Kamelritt mitzumachen oder sich bei der Papageienshow zu amüsieren *(S. 91)*. Aber behalten Sie das Ziel im Auge: ein Bad in der traumhaften Lagunen- und Dünenlandschaft bei der *Playa Barca (S. 67)*. Daran könnte sich ein Essen in einem der guten Restaurants von *Esquinzo (S. 67)* anschließen.

SPORT & AKTIVITÄTEN

In, unter und auf dem Wasser

Die Insel ist ein Ziel für Surfer, Taucher, Schwimmer – doch auch wer Fahrrad fahren, Tennis spielen, reiten oder wandern will, kommt auf seine Kosten

Zwei Wochen lang faul am Strand liegen und sich von der Sonne grillen lassen? Dafür ist Fuerteventura dank eines reichen Sportangebots für alle Schwierigkeits- und Fitnessgrade eigentlich zu schade. Am beliebtesten sind natürlich alle Arten von Wassersport, wobei Windsurfen wegen der guten Voraussetzungen der Passatwindzone noch immer obenan steht. Aber auch weniger sportliche Naturen finden passende Angebote für praktisch alle Altersstufen.

Wo der folgende Überblick auf detaillierte Adressen verzichtet, finden Sie diese vorn im Band unter den einzelnen Orten. »In allen großen Ferienzentren« bedeutet: in Corralejo, Caleta de Fuste, Costa Calma/La Pared und Jandía Playa/Morro Jable. Kleinere Orte werden gegebenenfalls besonders erwähnt.

ANGELN

Angeln ist rings um die Insel ohne Angelschein gestattet, ob von der Mole oder von der Felsklippe aus. Das nötige Gerät kann man relativ

Hart am Wind: Bestens sind die Bedingungen für Surfer

günstig in Puerto del Rosario oder in Corralejo kaufen. Als Köder dienen Calamares, Gambas oder kleine Krebse, die auf den Felsen leben. Für die geangelten Fische sind Mindestgrößen vorgeschrieben.

Aufregender und beliebter ist das Hochseeangeln. Sowohl von Corralejo als auch von Morro Jable aus kann man dazu an organisierten Bootstouren teilnehmen. Die nötige Ausrüstung wird gestellt. Auch Zuschauer sind willkommen.

FAHRRAD & MOTORRAD

Radfahren hat sich zu einem Trendsport entwickelt. Verleiher gibt es derzeit in Caleta de Fuste, Corralejo und Jandía Playa. Von allen großen Ferienzentren aus lassen sich aber organisierte Mountainbiketouren buchen. Es gibt sie in verschiedenen Schwierigkeitsgraden; die meisten sind aber nicht allzu anstrengend: Bergauf geht es Huckepack mit Motorkraft, dann auf zwei Rädern über Stock und Stein nur noch talwärts. Wenn Sie lieber auf eigene Faust über die Insel strampeln wollen, meiden Sie, so gut es geht, die Hauptstraßen – die sind oft schmal und haben keine Fahrradwege.

Auch Motorräder und Motorradtouren mit Enduros oder – derzeit besonders en vogue – mit Vierradmotorrädern (Quads) werden in allen großen Ferienzentren angeboten. Im Süden wenden Sie sich an *Sahara Sports* (siehe Morro Jable), und auch in Tarajalejo findet sich eine einschlägige Adresse.

GOLF

Mit der Eröffnung des 18-Loch-Platzes bei Caleta de Fustes trat Fuerteventura endgültig in die Welt des Rasensports ein. Der Platz hat Par 70 und ist mit Ausnahme von Loch 17 und 18 eben angelegt. Dazu gehören ein Abschlagplatz, ein Putting Green und andere Installationen *(Tel. 928 16 00 34)*. Die bereits bestehende *Golf-Akademie* in La Pared wird damit keineswegs überflüssig, denn sie wendet sich vor allem an diejenigen, die Golf erst lernen wollen. Geboten werden eine Abschlag- und eine Zielgolfanlage sowie ein Sechs-Loch-Kunstrasenplatz *(Tel. 928 54 91 03)*. Übungsmöglichkeiten in Form von Abschlagplätzen und Putting Greens bieten auch die Ferienclubs und einige führende Hotels.

JET-, WASSERSKI & BANANENBOOT

Die zweisitzigen Jetskier sind schwimmende Motorräder, werden wie ein Motorrad gefahren und machen auch den gleichen Lärm. Mit rund 40 Euro für 20 Minuten ist der schnelle Ritt übers Wasser kein billiges Vergnügen. Am besten ist das Geld bei einem Jetski-Ausflug angelegt, wie er am Hafen von Morro Jable angeboten wird. Wer Jetskier verleiht, hat meist auch ein Bananenboot parat: ein gekrümmtes gelbes Gebilde, auf dem mehrere Personen rittlings Platz nehmen und das dann von einem Motorboot übers Wasser gezogen wird. Jetskistationen gibt es derzeit in Corralejo, Costa Calma, Caleta de Fuste und in Jandía Playa. In Costa Calma und Morro Jable wird auch Wasserski angeboten, sowohl für Anfänger als auch für Könner.

REITEN

Hier ist das Reiten auf Pferden und nicht das ebenfalls angebotene Reiten auf Kamelen gemeint (siehe »Reisen mit Kindern«). Eine Reitschule finden Sie in Tarajalejo (*El Brasero*, gehört zum Hotel *Tofio*), eine weitere gehört zur Hotel- und Apartmentanlage *Stella Canaris* in Jandía Playa. Erfahrene Reiter steuern den deutschen Reitstall *Rancho bei La Pared* an. Die von dort möglichen Ausritte über offenes Gelände an der wilden Westküste geben erst das rechte Gefühl von Fuerteventura-Freiheit *(Tel. 619 27 53 89 und 928 17 41 51)*.

Inside Tipp

SEGELN

Segeln lernen auf Katamaranen können Sie am *Club Aldiana* bei Jandía Playa, in Esquinzo am *Robinson Club* und in Tarajalejo. Wollen Sie auf Segeltörns nur ausspannen, finden Sie in Corralejo, Morro Jable/Jandía Playa und in Caleta de Fustes das passende Angebot auf großen Katamaranen, ab Morro Jable auch auf Einrumpfyachten.

Für Skipper: Yachthäfen existieren in Caleta de Fustes, Corralejo und Morro Jable.

SPORT & AKTIVITÄTEN

TAUCHEN

★ Die Meerenge El Río bei Corralejo, das Muränenriff vor Jandía Playa und etliche andere Stellen rund um die Insel machen Fuerteventura mit ihren Lavaformationen und dem Fischreichtum zu einem der besten Tauchreviere der Kanaren. Tauchschulen finden Sie daher in allen großen Ferienzentren sowie in Tarajalejo. Um Tauchen zu lernen, brauchen Sie allerdings ein ärztliches Gesundheitszeugnis; viele ortsansässige Ärzte sind aber darauf eingestellt *(Infos bei den Tauchschulen).*

TENNIS

Alle Ferienclubs und Vier-Sterne-Hotels verfügen über Plätze. Nichtgäste können in Corralejo (Tenniscenter *Hai-Spin* beim *Hotel Duna Park*) und in Jandía Playa (Hotel *Stella Canaris*) Plätze und Ausrüstung mieten und in Jandía Playa auch Stunden nehmen *(Matchpoint, Tel. 639 13 36 64).*

WANDERN

Man mag es kaum glauben, dass die offenkundige Ödnis lohnende Wanderziele bieten könnte, und doch wartet das Binnenland für alle, die etwas Interesse an der Natur und der traditionellen Lebensweise der Insulaner mitbringen, mit einer Fülle von Überraschungen auf. Der Weg durch den Barranco de las Peñitas ist bei Vega de Río de las Palmas ausführlich beschrieben, sodass man ihn auf eigene Faust bewältigen kann. Richtig spannend wird es aber erst auf ★ *geführten Inselwanderungen*, wie sie einige inselbegeisterte Deutsche anbieten, die etwas zu den Pflanzen am Wegesrand zu sagen wissen, Geschichten und Sagen der *majoreros* erzählen können, auf Tiere und geologische Besonderheiten aufmerksam machen und an besonders schönen Punkten zum Picknick bitten. *Buchung über die Reiseleitungen der Hotels; Auskunft und Buchung auch über Tel. 608 92 83 80*

WINDSURFEN & SURFEN

★ Windsurfen ist der führende Wassersport auf der Insel. Die Wind- und Wasserverhältnisse sind ideal, wobei der stärkste Wind im Sommer weht. Die geringsten Windgeschwindigkeiten – mit gelegentlichen Flauten – herrschen von November bis Januar. Ob Anfänger, Fortgeschrittene oder echte Cracks: Auf Fuerteventura finden alle ihr passendes Plätzchen. Die wichtigsten Spots sind die Playas de Sotavento an der Halbinsel Jandía, die Gegend bei Corralejo und – nur für wirkliche Könner – die Strände bei El Cotillo. Surfschulen und Surfausrüstungsverleiher finden Sie in allen großen Ferienzentren.

Der neueste Trendsport ist Drachensurfen; er wird am Dünenstrand von Corralejo sowie an der Playa Barca im Süden betrieben. Dabei lässt man sich, auf einem Surfbrett stehend, von einem Lenkdrachen übers Wasser ziehen – wenn man denn den Bogen raus hat.

Echtes Surfen, also reines Wellenreiten, ist an der Westküste möglich. Wenden Sie sich an die einschlägigen Anbieter in Corralejo *(Matador, Tel. 928 86 73 07)* oder in Costa Calma/La Pared *(Cowabunga, Tel. 619 80 44 47).*

MIT KINDERN REISEN

Sonne, Sand und noch viel mehr

Fuerteventura bietet nicht nur Strandvergnügen – auch beim Gokartfahren oder Kamelreiten, im Zoo oder im Aquarium haben Kinder ihren Spaß

Hier sind Sie richtig: Fuerteventura macht den Urlaub mit dem Nachwuchs zum Vergnügen. Die Möglichkeiten, mit Kindern nahezu aller Altersstufen Schönes zu erleben und Spannendes zu unternehmen, sind sehr zahlreich. Obendrein sind die meisten Hotels, Apartment- und Bungalowanlagen auf Familien mit Kindern eingestellt. Dabei reicht das Spektrum vom preisgünstigen Apartment für die kostenbewussten Selbstversorger bis zum Cluburlaub, bei dem eine professionelle Kinderanimation den Eltern (fast) alle Programmsorgen abnimmt.

Für Kinder aller Altersstufen rangiert aber das Naturerlebnis auf der Insel meist ganz oben. An Orten wie Puertito de los Molinos, wo man gute Aussichtspunkte an der Felsküste findet, ist schon das Brodeln der Brandung und das Gischten der Wogen ein grandioses Schauspiel, dem Alt und Jung lange zuschauen können, ohne dass es langweilig wird. Die tollen Strände und das Bad im Meer wissen ohnehin alle zu schätzen – ein Vergnügen, das obendrein kostenlos ist. Dazu aber gleich ein Wort der Warnung: Fahren Sie mit noch nicht schulpflichtigen Kindern besser nicht im Frühjahr oder im Sommer auf die Insel. Der dann oft stürmische Wind wirbelt so viel Sand auf, dass der Strandaufenthalt für Kleinkinder unerträglich werden kann. Auch die starke Sonneneinstrahlung um diese Jahreszeit ist für die ganz Kleinen nicht das Richtige.

Mit Kindern sollten Sie den Süden der Insel oder Caleta de Fuste vorziehen, wo das Baden ganzjährig ungefährlich ist. Unter dem Gesichtspunkt der Kinderfreundlichkeit überragt bei den Unterkünften übrigens das *Stella Canaris* in Jandía Playa die gesamte Konkurrenz, da die große, schattige Anlage besonders viel bietet – neben der Kinderanimation z. B. den hoteleigenen Zoo mit reichlich buntem Federvieh. In Caleta de Fuste ist der *Barceló Club El Castillo* erste Wahl, da man vorwiegend zu ebener Erde mit Terrasse wohnt und die Kinderbetreuung sehr gut ist. Aber natürlich kommen auch unzählige andere Herbergen überall auf der Insel in Frage.

Zum Karneval werden auch die Kinder phantasievoll herausgeputzt

An Möglichkeiten, sich sportlich zu betätigen, herrscht kein Mangel: Ein noch recht junges Angebot mehrerer Tauschulen ist *Kindertauchen*. *Trampolinspringen* kann man in Corralejo (gegenüber der Tankstelle am oberen Teil der Hauptstraße) und im Zentrum von Caleta de Fustes (am Spielplatz); in Corralejo gibt es für die ganz Kleinen auch eine Hüpfburg. *Minigolfanlagen* bieten Corralejo (auf dem Dach des Einkaufszentrums Plaza an der Hauptstraße) sowie mehrere große Hotels wie das *Stella Canaris* und das *Faro Jandia* in Jandía Playa, das *Tofio* in Tarajalejo oder das *Barceló Fuerteventura* in Caleta de Fustes.

NORDEN/MITTE

Bootsausflüge und Oceanarium [107 E1]

Die Unterwasserfenster des Motorkatamarans »Celia Cruz« bieten auf einstündigen Törns und längeren Ausflügen ab Corralejo Einblicke in die Unterwasserwelt. Während der Fahrt ist zwar nicht viel zu erkennen, wenn das Boot dann aber still liegt und die Fische gefüttert werden, wird's richtig schön *(ab 10 Euro, Kinder 5 Euro)*. Von Caleta de Fustes aus leistet das Halb-U-Boot »Nautilus« das Gleiche. Das *Oceanarium* im Hafen zeigt zudem viele Fische aus der Nähe – manche kann man sogar anfassen *(20 Euro)*. Richtig tauchen – bis zu 30 m tief – kann man mit dem U-Boot »Sub Cat« ab Morro Jable.

Freilichtmuseum La Alcogida [110 B2]

Das »Ökomuseum« in Tefía ist das größte Freilichtmuseum der Insel. Es besteht aus sieben Bauernhöfen, die sorgfältig restauriert und teilweise wieder so ausgestattet wurden, wie es noch zu Zeiten Unamunos üblich war. In einem Kinosaal laufen Filme, die alte Bäuerinnen und Bauern beim Brotbacken, Färben und anderem ländlichen Handwerk zeigen. In einem anderen Hof wurden Werkstätten originalgetreu eingerichtet. Den Kindern macht die *Casa Señor Teodosio* am meisten Spaß, wo es lebendes Vieh zu bestaunen gibt sowie eine Gofiomühle, die von Zugtieren oder von menschlicher Muskelkraft betrieben wird. Versuchen Sie mal, den Göpel einen vollen Kreis herumzubewegen – die Mechanik ist nicht blockiert, wie man vielleicht zunächst annehmen mag. Danach können Sie ermessen, wie viel Arbeit damals das Erzeugen von Nahrungsmitteln machte. Richtig informativ wird der Museumsbesuch mit der sehr schönen Audioführung *(audioguía, Leihgebühr 3 Euro)*. Parkplatz und Kasse befinden sich westlich der Straße. *Di–Fr und So 9.30–17.30 Uhr, am südlichen Ortsende, Eintritt 4,20 Euro*

Kamelritte

Ausritte im Norden (bei Corralejo) bietet das private Freilichtmuseum *La Rosita*, das mit seinem Tierbestand auch sonst ein schönes, kinderfreundliches Ziel ist. (Siehe »Mitte/Norden« unter Cotillo/Lajares bzw. Corralejo/La Rosita.) Im Süden fährt man zum *Oasis Park*.

Wanderung von Ajuy zur Caleta Negra [108 C4]

Für ältere Kinder (ab ca. 8 Jahre) eignet sich die kleine Wanderung zu den »Piratenhöhlen«. (Siehe »Mitte/Norden« unter Pájara).

MIT KINDERN REISEN

Tierische Bewohner des Freilichtmuseums La Alcogida

SÜDEN

Gokartbahn
Ocios del Sur [114 A2]
Der einstige bäuerliche Erlebnispark Ocios del Sur war bei Redaktionsschluss noch geschlossen, sodass hier derzeit nur die Gokartbahn in Betrieb ist – die wurde allerdings noch erweitert. Es gibt drei Rundkurse von 125 m, 500 m und 1500 m Länge, dazu eine Cafeteria. *Tgl. 10–19, im Sommer 10–20 Uhr, 10 Min. 15 Euro, Jugendliche 10 Euro, Kinder 7 Euro; Zufahrt über die von Süden nach Cardón führende FV 618 (auf Wegweiser nach links achten)*

Meerwasseraquarium
Tarajalejo [114 A4]
In mehreren großen Becken tummelt sich hier die ganze vielfältige und bunte Unterwasserfauna, wie es sie rund um die Insel gibt. Zu bestaunen sind unter anderem mehrere Rochen, einige kleine Haie sowie mehrere Muränen, die gern im Schutz von Steinen verweilen. *Di–So 10 bis 18 Uhr, am Restaurant El Brasero bei der Ortsausfahrt nach Norden, Eintritt 4,50 Euro, Kinder 2,25 Euro*

Oasis Park [113 F4]
★ Affen, Papageien, Pelikane, Straußenvögel, Krokodile und andere Tiere sind die Attraktionen des einzigen öffentlichen Zoos auf der Insel. Zu der gepflegten schattigen Anlage gehören ein Gartenlokal sowie eine daran anschließende große Pflanzenhandlung, die ebenfalls einen Rundgang lohnt. Versäumen Sie nicht die tolle ==Papageienshow!== *Tgl. 9–18 Uhr, an der Landstraße bei La Lajita, Eintritt 12 Euro, Kinder 6 Euro (inkl. Papageien- und Reptilienshow)* [Insider Tipp]

Zum Zoo gehört auch die an der Landstraße gegenüber liegende Kamelstation. Ein ==Ausritt auf den Dromedaren== ist ein Spaß für alle. *7,50 Euro, Kinder ab 3,75 Euro* [Insider Tipp]

Angesagt!

**Was Sie wissen sollten über Trends,
die Szene und Kuriositäten auf Fuerteventura**

Fit for Fun
Spaß am Sport, das ist der Trend seit Jahren – und er hält unvermindert an. Dabei kommen nicht nur neue Sportarten zu Ehren, sondern auch uralte. Bei den neuen ist das Drachensurfen, Neudeutsch *kite surfing*, wohl das Spektakulärste – derzeit wird es allerdings nur am Strand von Corralejo und an der Playa Barca angeboten. Bemerkenswert ist der Erfolg solch klassischer Körperertüchtigungen wie Radfahren im Gelände. Mehr Imagegewinn bringt es aber immer noch, sich auf dem Surfbrett oder dem Boogieboard mit den Wellen der Westküste anzulegen.

Inselrundfahrten
Aller All-Inclusive-Bequemlichkeit zum Trotz gilt es nicht als schick, sich in der Raumstation des eigenen Ferienclubs nur einzuigeln. Ob man dabei auf eigene Faust mit dem Leihfahrrad auf abgelegene Pisten geht oder sich einer organisierten Jeeptour anschließt, spielt eigentlich keine Rolle. Einmal rund um die Insel muss man während des Urlaubs mindestens gefahren sein!

Hotten auf der Fiesta
Wenn irgendwo auf der Insel eine der zahlreichen Fiestas ansteht, ist nächtliches Tanzvergnügen angesagt. Das lassen sich die einheimischen Jugendlichen – aber auch viele ältere Semester – nicht entgehen. Musikmäßig ist Lateinamerikanisches top, Salsa vor allem. Stürzen Sie sich einfach mal ins Gewühl und feiern Sie mit!

Partytime auf der Finca
Partys feiert der Insulanernachwuchs am liebsten in abgelegenen Häusern – vielleicht bei Oma auf dem Dorf im ehemaligen Stall (damit auch ein WC in der Nähe ist). Das Kunststück besteht darin, zu erfahren, wann und wo die Party steigt. In solche Partycliquen reinzukommen ist allerdings schwierig und ohne Spanischkenntnisse fast unmöglich. Wer sich unter Spanier mischt, sollte außerdem wissen, dass auch junge Leute hier etwas konservativere Vorstellungen von Eleganz haben, wenn es etwas zu feiern gibt. Man achte einmal auf die Schuhe! Mit Shorts und Strandlatschen kommt man hier nicht weit …

PRAKTISCHE HINWEISE

Von Anreise bis Zoll

Hier finden Sie kurz gefasst die wichtigsten Adressen und Informationen für Ihre Fuerteventura-Reise

ANREISE

Flugzeug
Immer direkt und meistens nonstop fliegen Condor, Hapag-Lloyd, LTU und andere Chartergesellschaften ab Berlin, Bremen, Dortmund, Dresden, Düsseldorf, Erfurt, Frankfurt/M., Friedrichshafen, Hamburg, Hannover, Karlsruhe, Köln, Leipzig, München, Münster/Osnabrück, Nürnberg, Paderborn, Saarbrücken und Stuttgart, ferner ab Luxemburg, Basel, Zürich, Linz und Wien. Der Flug dauert vier bis fünf Stunden. Ein »Campingflug« – also ohne Hotelbuchung – z. B. ab Düsseldorf kostet etwa 250 bis 500 Euro (hin und zurück) je nach Saison. Allerdings bekommt man eine Woche Inselurlaub im Pauschalarrangement inklusive Flug zum Teil schon für unter 400 Euro. Per Linie ist die Insel nur mit Umsteigeverbindungen (meist über Gran Canaria) zu erreichen. Selbst vom spanischen Festland aus werden nur wenige Direktflüge angeboten.

Auf Fuerteventura ist der Transport vom Flughafen zur Ferienherberge meist im Arrangement enthalten. Am Flughafen sind zudem viele Autovermieter mit Schaltern vertreten. Ihren Mietwagen finden Sie dann auf einem der nummerierten Plätze am rechten (nördlichen) Ende des Flughafenparkplatzes.

Schiff
Fährpassagen gibt es einmal wöchentlich ab Cádiz in Südspanien. Die Überfahrt führt über Las Palmas (Gran Canaria) – dort muss man auf die Fähre nach Puerto del Rosario umsteigen – und dauert bis Fuerteventura zwei Tage und drei Nächte. Pro Strecke muss man für zwei Personen plus Pkw mit rund 600 Euro rechnen. Demgegenüber ist ein Charterflug plus Mietwagen deutlich günstiger und spart zudem viel Zeit. Auskünfte und Buchung der Schiffspassagen über Reisebüros oder direkt über *trasmediterranea. es/homei.htm*.

AUSKUNFT

Spanische Fremdenverkehrsämter
– *Kurfürstendamm 63, 10707 Berlin, Tel. 030/882 65 43, Fax 882 66 51, berlin@tourspain.es*
– *Grafenberger Allee 100, 40237 Düsseldorf, Tel. 0211/680 39 81, Fax 680 39 85, dusseldorf@tourspain.es*
– *Myliusstr. 14, 60323 Frankfurt a. M., Tel. 069/72 50 38, Fax 72 53 13, frankfurt@tourspain.es*
– *Schuberstr. 10, 80336 München, Tel. 089/530 74 60, Fax. 53 07 46 20, munich@tourspain.es*
– *Waifischgasse 8, 1010 Wien, Tel. 01/512 95 80, Fax 512 95 81, vienna@tourspain.es*

– Seefeldstr. 19, 8008 Zürich, Tel. 01/252 79 30/31, Fax 252 62 04, zurich@tourspain.es

Auf Fuerteventura:
Patronato de Turismo, Avda. de la Constitución 5, Puerto del Rosario, Tel. 928 53 08 44, Fax 928 85 16 95

AUTO & MIETWAGEN

Anschnallpflicht, Promillegrenze 0,5, Tempolimit für Pkw innerorts 50 km/h, auf Landstraßen 90 km/h. Ein internationaler Führerschein ist nicht nötig.

Bei Mietwagen gibt es ein großes Angebot in allen Ferienzentren und am Flughafen. Günstig sind Dreitages- und Wochentarife. Ein Kleinwagen ist etwa ab 150 Euro die Woche, ein Geländewagen für rund 60 Euro pro Tag zu haben. Vergewissern Sie sich, dass neben einer unbegrenzten Kilometerzahl auch Vollkasko- und Insassenversicherung im Preis inbegriffen sind. Das Mindestalter für Mietwagenfahrer beträgt 21 (bei manchen Firmen 23) Jahre. In der Hauptsaison ist die Vorausbuchung des Mietwagens empfehlenswert. Für normale Inselrundfahrten ist kein Jeep notwendig, die Mietverträge für normale Pkws untersagen aber meist das Fahren abseits befestigter Straßen.

BANKEN & KREDITKARTEN

Banken sind werktags meist 8.30 bis 14 Uhr, samstags bis 12.30 oder 13 Uhr geöffnet. Per EC- oder Kreditkarte gibt's Bargeld aus Geldautomaten (deutschsprachige Benutzerführung wählbar).

Die gängigen Kreditkarten werden von vielen Banken, Hotels und Autovermietern sowie in manchen Läden und Restaurants akzeptiert.

BUSSE

Vierzehn Linien verbinden alle größeren Orte. Ab Corralejo geht es von 7 bis 22 Uhr alle 30 bis 60 Minuten nach Puerto del Rosario, ab Morro Jable siebenmal tgl. zwischen 6 und 19 Uhr zur Hauptstadt, sonntags viermal. Zwischen Morro Jable und Costa Calma pendeln weitere Busse, ebenso innerhalb von Costa Calma (eine Linie) und im Bereich Morro Jable/Esquinzo (zwei Linien). Von Caleta de Fustes nach Puerto del Rosario fährt 7.30 Uhr bis 0.30 Uhr mindestens stündlich ein Bus.

CAMPING

Abgesehen vom Campingplatz des Hotels *Tofio* (s. Tarajalejo) verfügen die offiziellen Zeltplätze über keine Installationen (Toiletten, Wasser). Ihre Benutzung erfordert eine Anmeldung im Rathaus der jeweiligen Gemeinde und das Hinterlegen einer Kaution. Zeltdauer in Naturschutzgebieten maximal 7 Tage.

DIPLOMATISCHE VERTRETUNGEN

Die zuständigen Konsulate befinden sich auf Gran Canaria:

Konsulat der Bundesrepublik Deutschland
Calle Albareda 3–2°, Las Palmas, Tel. 928 49 18 80

Konsulat der Republik Österreich
Hotel Eugenia Victoria, Avda. de Gran Canaria 26, Playa del Inglés, Tel. 928 76 26 10

PRAKTISCHE HINWEISE

Konsulat der Schweiz
Calle Domingo Rivero 2/Ecke Juan XXIII, Las Palmas, Tel. 928 29 34 50

EINREISE

Für Deutsche, Österreicher und Schweizer genügt der Personalausweis. Keine Ausweiskontrolle bei Einreise aus Schengen-Staaten.

FÄHRVERBINDUNGEN

Zwei Reedereien bieten ab Corralejo nach Lanzarote/Playa Blanca tgl. bis zu elf Überfahrten (Fahrzeit 25 Minuten, Preis pro Strecke ab 12,80 Euro, Autotransport ab 16,50 Euro). Auskunft und Reservierung: *Líneas Fred. Olsen, Tel. 902 10 01 07; Naviera Armas, Tel. 902 45 65 00*

Ab Morro Jable nach Gran Canaria und Teneriffa verkehrt je nach Saison mehrmals wöchentlich bis täglich ein Tragflächenboot *(Fahrzeit bis Las Palmas 90 Min., Buchung Tel. 928 54 02 50)*; zudem verbinden tägliche Autofähren Morro Jable mit Las Palmas *(Fahrzeit 3 Std., Buchung: Tel. 928 54 21 13)*.

Autofähren verkehren außerdem ab Puerto del Rosario nach Las Palmas. Buchung bei *Compañía Trasmediterránea (Puerto del Rosario, Calle León y Castillo 58, Tel. 928 85 08 77, Fax 928 85 24 08)* oder bei *DER, Emil-von-Behring-Str. 6, 60439 Frankfurt, Tel. 069/95 88 58 00, ocean24@dertour.de.* Fährfahrpläne auch auf Deutsch unter *www.fuerteventura-infos.de*

FKK

An Ortsstränden und im Umfeld von Gebäuden tabu, an vielen anderen Stränden üblich und toleriert.

Was kostet wie viel?

Kamelritt	**7,50 Euro** Kinder 3,75 Euro
Kaffee	**1,20 Euro** für eine Tasse Milchkaffee
Mietwagen	**ab 70 Euro** für drei Tage
Wein	**ab 7 Euro** für eine Flasche
Benzin	**65 Cent** für einen Liter Normal
Inselrundfahrt	**40 Euro** mit Bus und Reiseleitung

FLUGVERBINDUNGEN

Täglich 19 Linienflüge nach Las Palmas auf Gran Canaria und vier nach Teneriffa/Los Rodeos, mehrmals wöchentlich nach Madrid. Andere Kanarische Inseln werden nicht angeflogen. Buchung und Auskunft: *Binter (Tel. 928 86 09 49)*, für Las Palmas auch *Islas Airways (Tel. 928 86 09 27)*. Sonstige Fluginformationen über *Flughafen-Tel. 928 86 06 00*.

GESUNDHEIT

Ärzte
Caleta de Fuste: *Praxis Dr. Mager (6 Ärzte), Avda. Alcalde Fco. Berriel Jordán 10, Tel. 928 16 37 31*
Corralejo: *Clínica Fuerteventura, Dr. E. Burgis, CC Cactus, Avda. Grandes Playas 1, Tel. 928 53 59 28* (hier können Sie noch vor der Reise Rat in Gesundheitsfragen, die Ihren Inselaufenthalt betreffen, einholen,

auch über *drburgis@infocanarias. com*); Dr. Christiane Sattel, *Avda. Galicia 13 (Hauptstraße, am Hotel Duna Park), Tel. 928 53 64 32;* Zahnarzt Dr. Scharping, *Notruf 928 53 52 76, Avda. Generalísimo Franco 70 (neben der Apotheke)*
Costa Calma: *Centro Médico, Hotel Taro Beach, Tel. 928 54 70 95*
Jandía Playa: *Euromed Jandía, Tel. 928 54 26 04;* Zahnärztin K. Pelka, *Tel. 928 54 17 99, beide im CC Faro (gegenüber dem Leuchtturm)*

Apotheken
Farmacias (Apotheken) gibt es u. a. in Caleta de Fuste, Corralejo, Costa Calma, Gran Tarajal, Puerto del Rosario und Morro Jable.

INTERNET

Der ergiebigste deutsche Internetauftritt zu »Fuerte« ist *www.fuerte ventura-infos.de* – eine Fundgrube an Informationen aller Art, dazu übersichtlich gegliedert. Zu den Schätzen gehören eine Liste fast aller Herbergen, Luftaufnahmen der Orte und Anlagen sowie vergrößerbare Ortspläne, ferner aktuelle Inselnachrichten, Fahr- und Flugpläne sowie etliche Leserforen. Weitere nützliche Netzadressen: *www.info canarias.com* sowie *www.rene-egli. com* mit Infos zum Windsurfen und einer täglich aktualisierten Aufnahme der Lagune vorm Hotel *Sol Gorriones*.

INTERNETCAFÉS

Internetcafés gibt es in allen größeren Ferienzentren (eine Auswahl):
Caleta de Fuste: *im Castillo Centro*
Corralejo: *Coolers, C. La Milagrosa 31 (hinter der Touristinformation); Whereabouts, Hoplaco, Strandseite*

www.marcopolo.de

Im Internet auf Reisen gehen

Mit über 10 000 Tipps zu den beliebtesten Reisezielen ist MARCO POLO auch im Internet vertreten. Sie wollen nach Paris, auf die Kanaren oder ins australische Outback? Per Mausklick erfahren Sie unter www.marcopolo.de Wissenswertes über Ihr Reiseziel. Zusätzlich zu den Informationen aus den Reiseführern bieten wir Ihnen online:

- das *Reise Journal* mit aktuellen News, Artikeln, Reportagen
- den *Reise Service* mit Routenplaner, Währungsrechner und Compact Guides
- den *Reise Markt* mit Angeboten unserer Partner rund um das Thema Urlaub

Es lohnt sich vorbeizuschauen: Wöchentlich aktualisiert, gibt es immer wieder Neues zu entdecken. Bleiben Sie auf dem Laufenden mit unserem E-Mail-Newsletter, den Sie kostenlos abonnieren können!

PRAKTISCHE HINWEISE

Costa Calma: *Domicile, CC Cañada del Río über dem Supermarkt*; *Web Akademie, Hotel Taro Beach*; *Cyber Connection, CC El Palmeral*
Morro Jable/Jandía Playa: *Internetcafé Jandía*, im Tiefgeschoss CC Cosmo

NOTRUF

Polizei *Tel. 091*, Krankenwagen *Tel. 061*. Unter *Tel. 112* können Sie Polizei und Feuerwehr in Deutsch kontaktieren. Bitten Sie ansonsten im Hotel um Hilfe.

ÖFFNUNGSZEITEN

Meist 9–13 und 16–20 Uhr, in den Ferienzentren vielfach auch am Wochenende.

POST

Postämter in Corralejo, Costa Calma, Gran Tarajal und Morro Jable *(Mo–Sa vormittags)* sowie in Puerto del Rosario *(Mo–Fr 8.30–20.30, Sa 9.30–13 Uhr)*. Briefmarken erhalten Sie auch an der Rezeption. Oft handelt es sich um Marken privater Postfirmen. Stecken Sie damit frankierte Post nicht in öffentliche Briefkästen, sondern geben Sie sie dort ab, wo Sie die Marken gekauft haben. Postkarten und Standardbriefe ins EU-Ausland und in die Schweiz kosten 52 Cent.

PREISE

Die Preise auf Fuerteventura sind generell mit denen in Deutschland vergleichbar. Ein einfaches Mittagessen im preisgünstigsten Lokal ist für 7 bis 8 Euro zu haben. Rechnen Sie aber für ein Abendessen im Restaurant eher mit 15 bis 25 Euro. Ein Windsurfgrundkurs (12 Std.) ist für 140–150 Euro zu haben. Alkohol, Zigaretten und Benzin sind billiger als zu Hause.

RADIO & FERNSEHEN

In nahezu allen größeren Unterkünften werden deutsche Fernsehprogramme über das hauseigene Kabelnetz übertragen. Deutsche Hörfunknachrichten gibt es im Norden auf UKW 102,7 MHz, inselweit auf MW 747 KHz.

REISEZEIT & KLEIDUNG

Saison ist das ganze Jahr. Die Luft- und Wassertemperaturen sind jedoch im Herbst am angenehmsten. Im Hochsommer kann die starke Sonnenstrahlung belasten. Von Januar bis April kann es kühl werden, auch die Wassertemperatur ist dann zum Baden nicht sehr angenehm. Hauptsaisonpreise gelten für Juli/August und um Weihnachten. Im August machen viele Restaurants Betriebsferien. Nehmen Sie immer lange Hose und Windjacke, im Winter und Frühjahr auch einen Pullover mit, denn die Abende sind meist frisch.

TAXI

Jedes Taxi führt eine offizielle Preisliste mit sich. Der Grundtarif beträgt 2,21 Euro, über Land fallen etwa 40 Cent/km an.

TELEFON & HANDY

Münzfernsprecher sind zahlreich. Ins Ausland telefoniert man billiger aus Fernsprechläden *(locutorios)*

oder mit *teletarjetas*, Karten mit aufzurubbelnder Geheimzahl, erhältlich ab 6 Euro; man kann sie an jedem Apparat außer an den etwas älteren öffentlichen Telefonen verwenden.
Vorwahl nach Deutschland: 0049
Vorwahl nach Österreich: 0043
Vorwahl in die Schweiz: 0041
Vorwahl nach Spanien: 0034
Ihr Mobiltelefon wählt sich automatisch ein spanisches Netz ein.

TRINKGELD

Bei Kellnern und Taxifahrern rundet man je nach Leistung um 5 bis 10 Prozent auf. Als Trinkgeld für Zimmermädchen werden 3 Euro zu Beginn des Aufenthaltes empfohlen, danach alle vier, fünf Tage nach Leistung. Auch für andere Dienste sind Trinkgelder üblich.

WASSER

Trinkwasser wird in Plastikflaschen verkauft. Das Leitungswasser ist hygienisch zwar einwandfrei, sollte aber nicht getrunken werden.

ZEIT

Gegenüber MEZ ganzjährig 1 Std. zurück (zeitgleiche Umstellung auf Winter- bzw. Sommerzeit).

ZOLL

Die Kanaren sind Freihandelszone ohne Zollkontrolle. Bei der Einreise ins Heimatland gelten als Freimengen: 200 Zigaretten oder 100 Zigarillos oder 50 Zigarren oder 250 g Tabak, 1 l Alkohol mit mehr als 22 Vol.-% oder 2 l Wein, 50 g Parfum oder 0,25 l Eau de toilette.

Wetter in Fuerteventura

	Jan.	Feb.	März	April	Mai	Juni	Juli	Aug.	Sept.	Okt.	Nov.	Dez.
Tagestemperaturen in °C	19	19	20	21	23	24	27	27	26	24	21	19
Nachttemperaturen in °C	12	12	13	13	15	16	18	19	18	17	15	13
Sonnenschein Std./Tag	6	7	8	8	9	9	10	10	8	7	6	6
Niederschlag Tage/Monat	3	2	1	1	1	0	0	0	0	1	3	3
Wassertemperaturen in °C	18	18	17	17	18	20	20	21	22	22	20	19

SPRACHFÜHRER SPANISCH

¿Hablas español?

»Sprichst du Spanisch?«
Dieser Sprachführer hilft Ihnen, die wichtigsten Wörter und Sätze auf Spanisch zu sagen

Zur Erleichterung der Aussprache:
c	vor »e« und »i« spricht man auf den Kanaren wie ein »s«
ch	stimmloses »tsch« wie in »tschüss«
g	vor »e, i« wie deutsches »ch« in »Bach«
gue, gui/que, qui	das »u« ist immer stumm, wie deutsches »g«/»k«
j	immer wie deutsches »ch« in »Bach«
ll, y	wie deutsches »j« zwischen Vokalen. Bsp.: Mallorca
ñ	wie »gn« in »Champagner«

AUF EINEN BLICK

Ja./Nein.	Sí./No.
Vielleicht.	Quizás./Tal vez.
In Ordnung./Einverstanden!	¡De acuerdo!/¡Está bien!
Bitte./Danke.	Por favor./Gracias.
Vielen Dank!	Muchas gracias.
Gern geschehen.	No hay de qué./De nada.
Entschuldigung!	¡Perdón!
Wie bitte?	¿Cómo dice/dices?
Ich verstehe Sie/dich nicht.	No le/la/te entiendo.
Ich spreche nur wenig …	Hablo sólo un poco de …
Können Sie mir bitte helfen?	¿Puede usted ayudarme, por favor?
Ich möchte …	Quiero …/Quisiera …/Me gustaría …
Das gefällt mir (nicht).	(No) me gusta.
Haben Sie …?	¿Tiene usted …?
Wie viel kostet es?	¿Cuánto cuesta?

KENNENLERNEN

Guten Morgen!	¡Buenos días!
Guten Tag!	¡Buenos días!/¡Buenas tardes!
Guten Abend!	¡Buenas tardes!/¡Buenas noches!
Hallo! Grüß dich!	¡Hola! ¿Qué tal?
Ich heiße …	Me llamo …
Wie ist Ihr Name, bitte?	¿Cómo se llama usted, por favor?
Wie geht es Ihnen/dir?	¿Cómo está usted?/¿Qué tal?

Danke. Und Ihnen/dir? — Bien, gracias. ¿Y usted/tú?
Auf Wiedersehen! — ¡Adiós!
Tschüss! — ¡Adiós!/¡Hasta luego!
Bis morgen! — ¡Hasta mañana!

UNTERWEGS

Auskunft

links/rechts	a la izquierda/a la derecha
geradeaus	todo seguido/derecho
nah/weit	cerca/lejos
Wie weit ist das?	¿A qué distancia está?
an der Ampel	al semáforo
an der nächsten Ecke	en la primera esquina
Bitte, wo ist …	Perdón, ¿dónde está …
… der Busbahnhof?	… la estación (de guaguas)?
… die Haltestelle?	… la parada?
Fahrplan	horario
Eine Fahrkarte nach … bitte.	Un billete para …, por favor.
Ich möchte hier aussteigen.	Quiero bajar aquí.
Ich möchte … mieten.	Quisiera alquilar …
… ein Auto…	… un coche.
… ein Boot…	… un barco.

Panne

Ich habe eine Panne.	Tengo una avería.
Würden Sie mir bitte einen Abschleppwagen schicken?	¿Puede usted enviarme un cochegrúa, por favor?
Gibt es hier in der Nähe eine Werkstatt?	¿Hay algún taller por aquí cerca?

Tankstelle

Wo ist bitte die nächste Tankstelle?	¿Dónde está la gasolinera más cercana, por favor?
Ich möchte … Liter …	Quisiera … litros de …
… Normalbenzin.	… gasolina normal.
… Super./… Diesel.	… súper./… diesel.
Voll tanken, bitte.	Lleno, por favor.

Unfall

Hilfe!	¡Ayuda! / ¡Socorro!
Achtung!	¡Atención!
Rufen Sie bitte schnell …	Llame enseguida …
… einen Krankenwagen.	… una ambulancia.
… die Polizei.	… a la policía.
… die Feuerwehr.	… a los bomberos.

SPRACHFÜHRER SPANISCH

Haben Sie Verbandszeug?	¿Tiene usted botiquín de urgencia?
Es war meine Schuld.	Ha sido por mi culpa.
Es war Ihre Schuld.	Ha sido por su culpa.
Geben Sie mir bitte Ihren Namen und Ihre Anschrift.	¿Puede usted darme su nombre y dirección?

ESSEN/UNTERHALTUNG

Wo gibt es hier ...
  ... ein gutes Restaurant?
  ... ein nicht zu teures Restaurant?

¿Dónde hay por aquí cerca ...
  ... un buen restaurante?
  ... un restaurante no demasiado caro?

Reservieren Sie uns bitte für heute Abend einen Tisch für vier Personen.
¿Puede reservarnos para esta noche una mesa para cuatro personas?

Die Speisekarte, bitte.
La carta, por favor.

Könnte ich bitte ... haben?
  ... ein Messer?
  ... eine Gabel?
  ... einen Löffel?

¡Tráigame..., por favor!
  ... un cuchillo?
  ... un tenedor?
  ... una cuchara?

Auf Ihr Wohl! ¡Salud!
Bezahlen, bitte. ¡La cuenta, por favor!

EINKAUFEN

Wo finde ich ...
  ... eine Apotheke?
  ... eine Bäckerei?
  ... ein Fotogeschäft?
  ... ein Einkaufszentrum?
  ... ein Lebensmittelgeschäft?
  ... den Markt?

Por favor, ¿dónde hay ...
  ... una farmacia?
  ... una panadería?
  ... una tienda de artículos fotográficos?
  ... un centro comercial?
  ... una tienda de comestibles?
  ... el mercado?

ÜBERNACHTUNG

Können Sie mir bitte ... empfehlen?
  ... ein Hotel...
  ... eine Pension...

Perdón, señor/señora/señorita. ¿Podría usted recomendarme ...
  ... un hotel?
  ... una pensión?

Ich habe ein Zimmer reserviert.
He reservado una habitación.

Haben Sie noch ...
  ... ein Einzelzimmer?
  ... ein Zweibettzimmer?
  ... mit Dusche/Bad?
  ... für eine Nacht?

¿Tienen ustedes ...?
  ... una habitación individual?
  ... una habitación doble?
  ... con ducha/baño?
  ... para una noche?

... für eine Woche?	... para una semana?
... ein ruhiges Zimmer?	... una habitación tranquila?
Was kostet das Zimmer mit ...	¿Cuánto cuesta la habitación con ...
... Frühstück?	... desayuno?
... Halbpension?	... media pensión?

PRAKTISCHE INFORMATIONEN

Arzt

Können Sie mir einen guten Arzt empfehlen?	¿Puede usted indicarme un buen médico?
Ich habe hier Schmerzen.	Me duele aquí.
Ich habe ...	Tengo ...
... Kopfschmerzen.	... dolor de cabeza.
... Zahnschmerzen.	... dolor de muelas.
... Durchfall/Fieber.	... diarrea/fiebre.

Post

Was kostet ...	¿Cuánto cuesta ...
... ein Brief ...	... una carta ...
... eine Postkarte ...	... una postal ...
... nach Deutschland/Österreich/in die Schweiz?	... para Alemania/Austria/Suiza?
Eine Briefmarke, bitte.	Un sello, por favor.

ZAHLEN

0	cero	19	diecinueve
1	un, uno, una	20	veinte
2	dos	21	veintiuno, -a, veintiún
3	tres	22	veintidós
4	cuatro	30	treinta
5	cinco	40	cuarenta
6	seis	50	cincuenta
7	siete	60	sesenta
8	ocho	70	setenta
9	nueve	80	ochenta
10	diez	90	noventa
11	once	100	cien, ciento
12	doce	200	doscientos, -as
13	trece	1000	mil
14	catorce	2000	dos mil
15	quince	10000	diez mil
16	dieciséis		
17	diecisiete	1/2	medio
18	dieciocho	1/4	un cuarto

REISEATLAS

Reiseatlas Fuerteventura

Die Seiteneinteilung für den Reiseatlas finden Sie auf dem hinteren Umschlag dieses Reiseführers

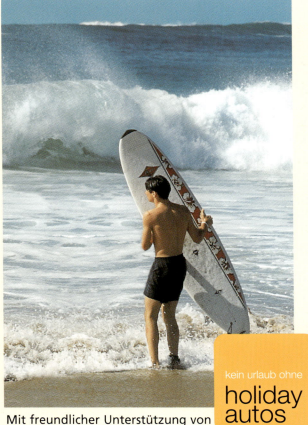

Mit freundlicher Unterstützung von

kein urlaub ohne
holiday autos

www.holidayautos.com

A   B   C anzeige

sie wollen mehr sehen im urlaub?

dann buchen sie einen mietwagen von holiday autos.
zu alles inklusive preisen. buchen sie in ihrem reisebüro,
unter www.holidayautos.de oder telefonisch unter
0180 5 17 91 91 (12 ct/min)

kein urlaub ohne
holiday autos

KARTENLEGENDE REISEATLAS

Autobahn · Gebührenpflichtige Anschlussstelle · Gebührenstelle · Anschlussstelle mit Nummer · Rasthaus mit Übernachtung · Raststätte · Kleinraststätte · Tankstelle · Parkplatz mit und ohne WC		Motorway · Toll junction · Toll station · Junction with number · Motel · Restaurant · Snackbar · Filling-station · Parking place with and without WC
Autobahn in Bau und geplant mit Datum der Verkehrsübergabe		Motorway under construction and projected with completion date
Zweibahnige Straße (4-spurig)		Dual carriageway (4 lanes)
Fernverkehrsstraße · Straßennummern		Trunk road · Road numbers
Wichtige Hauptstraße		Important main road
Hauptstraße · Tunnel · Brücke		Main road · Tunnel · Bridge
Nebenstraßen		Minor roads
Fahrweg · Fußweg		Track · Footpath
Wanderweg (Auswahl)		Tourist footpath (selection)
Eisenbahn mit Fernverkehr		Main line railway
Zahnradbahn, Standseilbahn		Rack-railway, funicular
Kabinenschwebebahn · Sessellift		Aerial cableway · Chair-lift
Autofähre		Car ferry
Personenfähre		Passenger ferry
Schifffahrtslinie		Shipping route
Naturschutzgebiet · Sperrgebiet		Nature reserve · Prohibited area
Nationalpark, Naturpark · Wald		National park, natural park · Forest
Straße für Kfz. gesperrt		Road closed to motor vehicles
Straße mit Gebühr		Toll road
Straße mit Wintersperre		Road closed in winter
Straße für Wohnanhänger gesperrt bzw. nicht empfehlenswert		Road closed or not recommended for caravans
Touristenstraße · Pass		Tourist route · Pass
Schöner Ausblick · Rundblick · Landschaftlich bes. schöne Strecke		Scenic view · Panoramic view · Route with beautiful scenery
Heilbad · Schwimmbad		Spa · Swimming pool
Jugendherberge · Campingplatz		Youth hostel · Camping site
Golfplatz · Sprungschanze		Golf-course · Ski jump
Kirche im Ort, freistehend · Kapelle		Church · Chapel
Kloster · Klosterruine		Monastery · Monastery ruin
Schloss, Burg · Schloss-, Burgruine		Palace, castle · Ruin
Turm · Funk-, Fernsehturm		Tower · Radio-, TV-tower
Leuchtturm · Kraftwerk		Lighthouse · Power station
Wasserfall · Schleuse		Waterfall · Lock
Bauwerk · Marktplatz, Areal		Important building · Market place, area
Ausgrabungs- u. Ruinenstätte · Bergwerk		Arch. excavation, ruins · Mine
Dolmen · Menhir · Nuraghen		Dolmen · Menhir · Nuraghe
Hünen-, Hügelgrab · Soldatenfriedhof		Cairn · Military cemetery
Hotel, Gasthaus, Berghütte · Höhle		Hotel, inn, refuge · Cave

Kultur / **Culture**
Malerisches Ortsbild · Ortshöhe — WIEN (171) — Picturesque town · Elevation
Eine Reise wert — ★★ MILANO — Worth a journey
Lohnt einen Umweg — ★ TEMPLIN — Worth a detour
Sehenswert — Andermatt — Worth seeing

Landschaft / **Landscape**
Eine Reise wert — ★★ Las Cañadas — Worth a journey
Lohnt einen Umweg — ★ Texel — Worth a detour
Sehenswert — Dikti — Worth seeing

Ausflüge & Touren — **Excursions & tours**

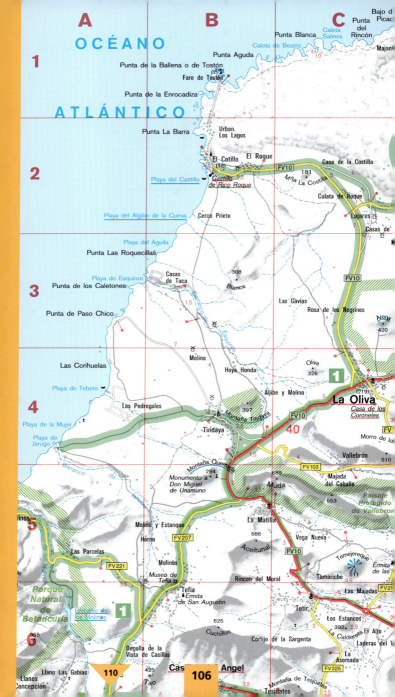

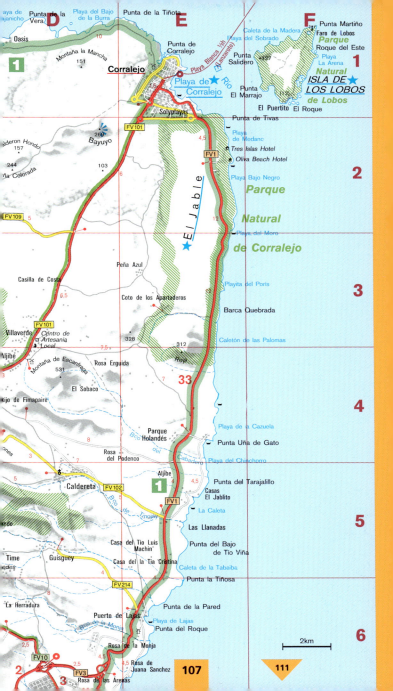

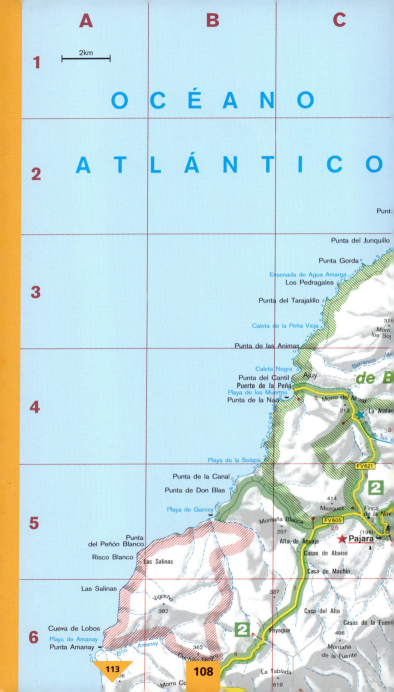

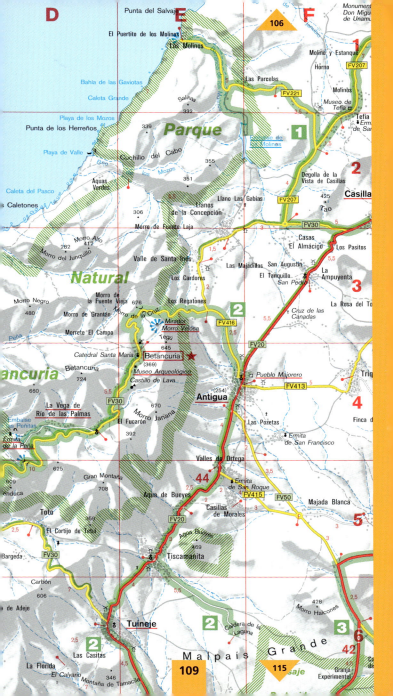

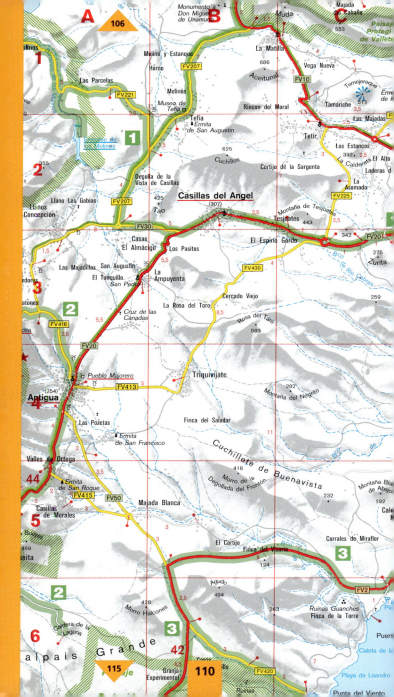

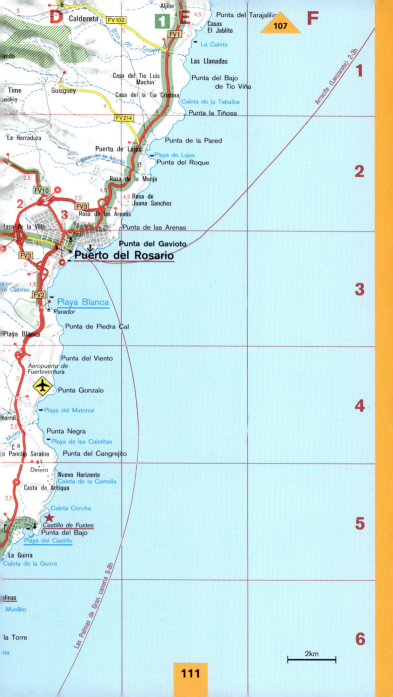

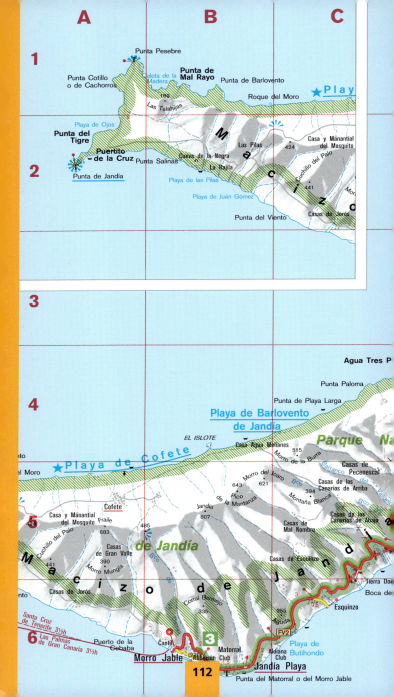

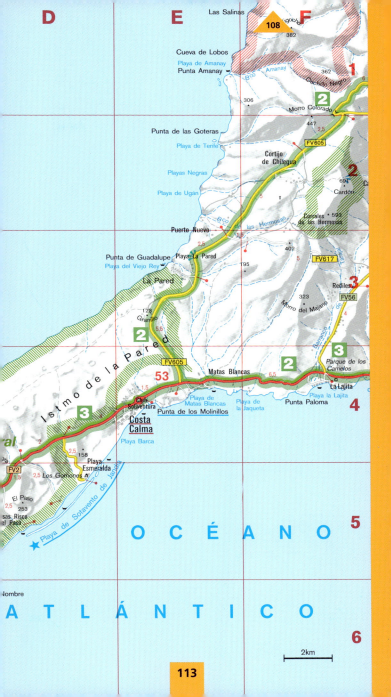

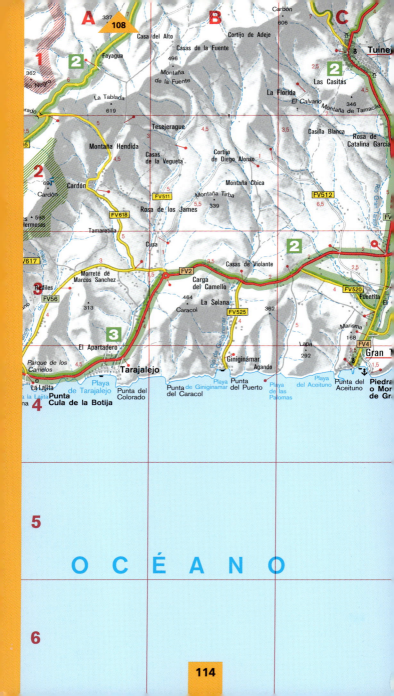

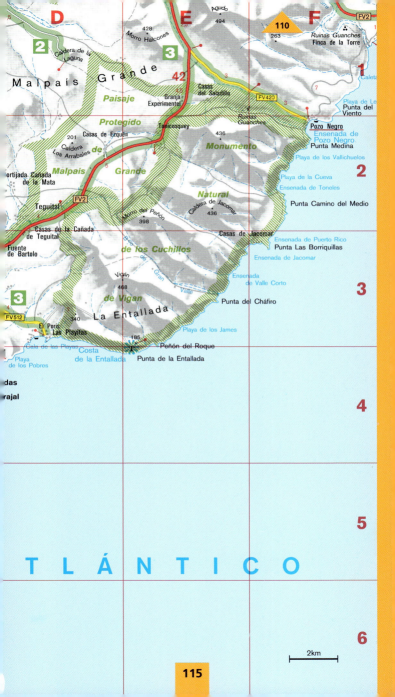

anzeige

mehr sehen schon vor dem urlaub:
hier zeigen wir ihnen alle vorteile von
holiday autos.

als weltgrößter vermittler von ferienmietwagen
bieten wir ihnen mietwagen in über 80 urlaubsländern
zu äußerst attraktiven alles inklusive preisen.
und wenn wir von „alles inklusive" reden, dann meinen
wir das auch so. denn im preis von holiday autos
ist wirklich alles inbegriffen:

- vollkaskoversicherung ohne selbstbeteiligung
  im schadensfall
- kfz-diebstahlversicherung ohne selbstbeteiligung
- erhöhte haftpflichtdeckungssumme
- unbegrenzte kilometer
- alle lokalen steuern
- flughafenbereitstellung
- flughafengebühren

buchen sie gleich in ihrem reisebüro,
unter www.holidayautos.de oder
telefonisch unter 0180 5 17 91 91 (12 ct/min)

kein urlaub ohne

holiday
autos

MARCO ⊕ POLO

Für Ihre nächste Reise gibt es folgende Titel:

Deutschland
Allgäu
Amrum/Föhr
Bayerischer Wald
Berlin
Bodensee
Chiemgau/
  Berchtesgaden
Dresden/
  Sächsische
  Schweiz
Düsseldorf
Eifel
Erzgebirge/
  Vogtland
Franken
Frankfurt
Hamburg
Harz
Heidelberg
Köln
Lausitz/Spreewald/
  Zittauer Gebirge
Leipzig
Lüneburger Heide/
  Wendland
Mark Brandenburg
Mecklenburgische
  Seenplatte
Mosel
München
Nordseeküste
  Schleswig-
  Holstein
Oberbayern
Ostfriesische
  Inseln
Ostfriesland
  Nordseeküste
  Niedersachsen
Ostseeküste
  Mecklenburg-
  Vorpommern
Ostseeküste
  Schleswig-
  Holstein
Pfalz
Potsdam
Rügen
Ruhrgebiet
Schwäbische Alb
Schwarzwald
Stuttgart
Sylt
Thüringen
Usedom
Weimar

Österreich Schweiz
Berner Oberland/
  Bern
Kärnten
Österreich
Salzburger Land
Schweiz
Tessin
Tirol
Wien
Zürich

Frankreich
Bretagne
Burgund
Côte d'Azur
Disneyland Paris
Elsass
Frankreich
Französische
  Atlantikküste
Korsika
Languedoc/
  Roussillon
Loire-Tal
Normandie
Paris
Provence

Italien Malta
Apulien
Capri
Dolomiten
Elba/Toskanischer
  Archipel
Emilia-Romagna
Florenz
Gardasee
Golf von Neapel
Ischia
Italien
Italienische Adria
Italien Nord
Italien Süd
Kalabrien
Ligurien
Mailand/
  Lombardei
Malta
Oberitalienische
  Seen
Piemont/Turin
Rom
Sardinien
Sizilien
Südtirol
Toskana
Umbrien
Venedig
Venetien/Friaul

Spanien Portugal
Algarve
Andalusien
Barcelona
Costa Blanca
Costa Brava
Costa del Sol/
  Granada
Fuerteventura
Gran Canaria
Ibiza/Formentera
Jakobsweg/
  Spanien
La Gomera/
  El Hierro
Lanzarote
La Palma
Lissabon
Madeira
Madrid
Mallorca
Menorca
Portugal
Spanien
Teneriffa

Nordeuropa
Bornholm
Dänemark
Finnland
Island
Kopenhagen
Norwegen
Schweden
Südschweden/
  Stockholm

Westeuropa Benelux
Amsterdam
Brüssel
England
Flandern
Irland
Kanalinseln
London
Luxemburg
Niederlande
Niederländische
  Küste
Schottland
Südengland

Osteuropa
Baltikum
Budapest
Kaliningrader
  Gebiet
Litauen/Kurische
  Nehrung
Masurische Seen
Moskau
Plattensee
Polen
Prag
Riesengebirge
Rumänien
Russland
Slowakei
St. Petersburg
Tschechien
Ungarn

Südosteuropa
Bulgarien
Bulgarische
  Schwarz-
  meerküste
Kroatische Küste/
  Dalmatien
Kroatische Küste/
  Istrien/Kvarner
Slowenien

Griechenland Türkei
Athen
Chalkidiki
Griechenland
  Festland
Griechische
  Inseln/Ägäis
Istanbul
Korfu
Kos
Kreta
Peloponnes
Rhodos
Samos
Santorin
Türkei
Türkische
  Südküste
Türkische
  Westküste
Zakinthos
Zypern

Nordamerika
Alaska
Chicago und
  die Großen Seen
Florida
Hawaii
Kalifornien
Kanada
Kanada Ost
Kanada West
Las Vegas
Los Angeles
New York
San Francisco
USA
USA Neuengland/
  Long Island
USA Ost
USA Südstaaten
USA Südwest
USA West
Washington D.C.

Mittel- und Südamerika
Argentinien
Brasilien
Chile
Costa Rica
Dominikanische
  Republik
Jamaika
Karibik/
  Große Antillen
Karibik/
  Kleine Antillen
Kuba
Mexiko
Peru/Bolivien
Venezuela
Yucatán

Afrika Vorderer Orient
Ägypten
Djerba/
  Südtunesien
Dubai/Emirate/Oman
Israel
Jemen
Jerusalem
Jordanien
Kenia
Marokko
Namibia
Südafrika
Syrien
Tunesien

Asien
Bali/Lombok
Bangkok
China
Hongkong/Macau
Indien
Japan
Ko Samui/Ko Phangan
Malaysia
Nepal
Peking
Philippinen
Phuket
Rajasthan
Shanghai
Singapur
Sri Lanka
Thailand
Tokio
Vietnam

Indischer Ozean Pazifik
Australien
Hawaii
Malediven
Mauritius
Neuseeland
Seychellen
Südsee

Cityguides
Berlin für Berliner
Frankfurt für
  Frankfurter
München für Münchner
Stuttgart für
  Stuttgarter

Sprachführer
Arabisch
Englisch
Französisch
Griechisch
Italienisch
Kroatisch
Niederländisch
Norwegisch
Polnisch
Portugiesisch
Russisch
Schwedisch
Spanisch
Tschechisch
Türkisch
Ungarisch

Hier finden Sie alle erwähnten Orte, Ausflugsziele und Sehenswürdigkeiten sowie Namen und Stichworte. Halbfette Seitenzahlen verweisen auf den Haupteintrag, kursive auf ein Foto.

Agua Bueyes 57
Ajuy 25, **50**, 82, 90
La Alcogida (Freilichtmuseum) 80, **90**, *91*
Aloe-vera-Plantage Savimax 29
Altkanarier 10, 13, 30, 47, 65, 80
»American Star« 82
La Ampuyenta 25
Angeln 39, 64, 73, **85**
Antigua 11, 17, 24f, 27, **28ff**, *28,* 82
Atalayita **30**, 83
Barranco de Esquinzo 13
Barranco de la Peña 50
Barranco del Salmo 68
Barranco de la Torre 13, 35
Barranco de las Peñitas 13, **32**, 82, 87
Barranco de los Molinos 13
Barrancos **13**, 14
Betancuria 10, 16f, 25, *26,* 27f, **30ff**, 82
Béthencourt, Jean de 13, 30, 32
Bevölkerung 13
Caldera de la Laguna 57, 82
Caleta de Fustes 11, 27, **33ff**, 83, 85ff, 89f
Caleta Negra 50, 90
Cañada del Rio 60
Casa de la Cilla 46
Casa de los Coroneles 11, 46, 80
Casa Mané 46
Casa Museo de Betancuria 31
Casa Museo Unamuno 53
Casa Santa María **31**, 82
Casillas del Angel 25, **55**, 81
Castillo de Fustes 33, 42
Castillo de Tostón 42
Centro de Arte Canario **46**, *46,* 80
Chillida, Eduardo 48
Cochenille 14, 51
Cofete 75

Convento de San Buenaventura 30
Corralejo 9f, 16, 25, 27f, **35ff**, 79, 81, 85ff, 90, 92, 120
Costa Calma 59, **60ff**, 85f
Cotillo 11, 25, **42ff**, 79, 87
Dromedare s. Kamele
Durruti, Buenaventura 48
Embalse de las Peñitas 32
Embalse de los Molinos 80
Ermita de la Peña *9,* 32
Esquinzo **67f**, 83, 86
Fahrrad fahren 34, 40, 64, 73, **85**, 120
Fauna 13
Fiestas 11, 24f, 92
Flora 14
Geologie 15
Gofio 21, 57, 90
Golf 64, **86**
Granja Experimental del Cabildo Insular 25
Gran Tarajal 24f, 28, 56, **68f**, 83
Hierro 48
Iglesia de Santa María **30**
Iglesia de la Virgen de la Regla 49, *49*
Istmo de la Pared 60, 65
El Jable 35, *36,* 81
Jandía 10, 16, 35, 59f, 69, 82, 86f
Jandía Playa *58,* 59, **70ff**, 85ff, 89f
Jetski 40, 64, 73, *74,* **86**
Kaktusgarten 77
Kamele (Kamelritt) 11, 13, 16, 42, 56, 83, *83,* 90f
Klima 15, 98
Kunsthandwerk 23, 25, 29, 44, 79
Lajares 25, **44**, 79
La Lajita 24, **77**, 83, 91
Lanzarote 41
Lavafelder 56
Lobos 16, 35, **41**
Lucha Canaria 16, 77
Majanicho 79
Majoreros 11, 13, 15, 87

Malpaís/Corralejo 79
Malpaís Chico 56f
Malpaís Grande 30, 56
Maxorata 15, 60
Mirador Morro Velosa 31f
Molino de Antigua *12,* 28
Montaña Quemada 48, 80
Montaña Tindaya 47, 80
Morro Jable 11, 25, 59f, 66, **70ff**, 85f
Motorrad fahren 34, 40, 64, 73, **85**
Mühlen *12,* **16**, 29, 44, 57
Mühlenmuseum **57**, 82
Museo de Arte Sacra 31
Nuevo Horizonte 47
Oasis Park 77, 90, **91**
Oceanarium 90
Ocios del Sur 91
Oliva 11, 17, 25, 27, 36, **45ff**, 79
Pájara 17, 25, 27, 32, **49f**, 82
Las Parcelas 80
La Pared **65**, 85f
Pico de Jandía 60, 75
Playa Barca 59, **67**, 68, 83, 87, 92
Playa de Barlovento 75
Playa de Corralejo 40, *40*
Playa de Cofete 75
Playa de Jarugo 80
Playa de Garcey 75
Playa de Matorral 70, 74
Playa del Viejo Rey 66
Playas de los Lagos 44
Playas de Sotavento *6,* 36, 59f, 67, 87
Las Playitas 25, **69**, 83
Pozo Negro **30**, 83
Puertito de los Molinos 80, 89
Puerto de Cabras 51
Puerto de la Cruz 75
Puerto de la Peña 15, **50**, 82, 90
Puerto de la Torre 34f
Puerto del Rosario 7, 10, 17, 24f, 27f, 42, **51ff**, 60, 69, 81, 85

REGISTER

Puerto Nuevo 66, 86
Punta de la Entallada 69
Punta de Jandía 15, **75**
Punta de la Tiñota 15, 79
Punta de Tostón 45
Punta Pesebre 75
Reiten 64, 66, 77, **86**
Ringkampf s. Lucha Canaria
El Río 9, 35, 87
Risco del Paso 68
Roque del Moro 75
La Rosita 42
Salinas del Carmen **34**, *35*, 83
Segeln 74, **86**
Surfen 9, 34, 41, 64, 66, 74, *84*, **87**
Tamacite 25, 56, 82
Tablada 82
Tarajalejo 24, 60, **76f**, 83, 86f, 90f
Tauchen 9, 34, 40, 64, 74, 77, **87**, 90
Tefía 24f, 80, 90
Tegú 31, 82
Temejereque 55
Tennis 68, 74, **87**
Tetir 25, 51, **55**
Tindaya 25, **47**, 80
Tiscamanita 25, 56, 82
Tomaten 16f, 19, 69, 82
Tuineje 17, 25, 27, **56f**, *57*, 69, 82
Umweltschutz 16
Unamuno, Miguel de 7, 48, 53, 80
Vallebrón 25, **48**
Valle de Santa Inés 24
Vega de Río de las Palmas 11, 25, **32**, *78*, 82, 87
Verwaltung 17
Villa Winter 75f
Vulkanismus 15, 30, 56, 79
Wanderdünen 16, 27, 37
Wandern 28, 32, 50, 64, **87**, 90
Wasser 10, 16, **17**
Wasserräder 16
Wassersport 9, 34, 44
Winter, Gustav 75
Wirtschaft 17
Ziegen *10*, 13, 16f, 20f, 25, 30, 33, 42, 51, 60, 75
Ziegenfarm der »Finca del Pepe« 33

Schreiben Sie uns!

Liebe Leserin, lieber Leser,

wir setzen alles daran, Ihnen möglichst aktuelle Informationen mit auf die Reise zu geben. Dennoch schleichen sich manchmal Fehler ein – trotz gründlicher Recherche unserer Autoren/innen. Sie haben sicherlich Verständnis, dass der Verlag dafür keine Haftung übernehmen kann. Wir freuen uns aber, wenn Sie uns schreiben.

Senden Sie Ihre Post an die MARCO POLO Redaktion,
MairDumont, Postfach 31 51, 73751 Ostfildern,
marcopolo@mairs.de

Impressum

Titelbild: Surfer (D. Renckhoff)
Fotos: O. Baumli (18, 26); HB Verlag: T. Widmann (U l., U r., 5 o., 5 u.), 6, 9, 25, 27, 28, 32, 43, 69, 84, 92); Mauritius: Altmann (2 u., 58), Feature-Pix (45), Gierth (57); D. Renckhoff (U M., 2 o., 10, 12, 22, 24, 35, 46, 49, 65, 77, 83, 88, 91, 103); H. Schütte (59, 66); Transglobe: Stadler (7), Werner (4, 36); E. Wrba (14, 17, 20 ,51, 73, 74, 78, 81)

13., aktualisierte Auflage 2005 © MairDumont GmbH & Co. KG, Ostfildern
Herausgeber: Ferdinand Ranft, Chefredakteurin: Marion Zorn
Lektor: Jochen Schürmann, Bildredakteurin: Gabriele Forst
Kartografie Reiseatlas: © MairDumont/Falk Verlag, Ostfildern
Gestaltung: red.sign, Stuttgart
Sprachführer: in Zusammenarbeit mit Ernst Klett Sprachen GmbH, Stuttgart, Redaktion PONS Wörterbücher
Das Werk einschließlich aller seiner Teile ist urheberrechtlich geschützt. Jede urheberrechtsrelevante Verwertung ist ohne Zustimmung des Verlages unzulässig und strafbar. Das gilt insbesondere für Vervielfältigungen, Übersetzungen, Nachahmungen, Mikroverfilmungen und die Einspeicherung und Verarbeitung in elektronischen Systemen.
Printed in Germany. Gedruckt auf 100% chlorfrei gebleichtem Papier

Bloß nicht!

**Fuerteventura ist erfreulich frei von Touristennepp.
Dennoch gibt es Ärger, den man sich leicht ersparen kann**

An der Westküste baden
Außer in einigen durch Riffe geschützten Buchten wird es an der Westküste wegen starker Strömungen lebensgefährlich, sobald Sie den Boden unter den Füßen verlieren. Kein Jahr vergeht, ohne dass es mal wieder einen Leichtsinnigen erwischt.

Einen Sonnenbrand riskieren
Oder gar einen Hitzschlag! Dies ist die ernsteste Warnung von allen. Schon ein längerer Spaziergang am ersten Urlaubstag kann selbst bei bedecktem Himmel trotz T-Shirt oder Bluse im Sommer zu einem üblen Sonnenbrand führen. Auch zu anderen Jahreszeiten lässt der tückisch kühle Wind die Stärke der Sonne vergessen. Tragen Sie stets Sonnenschutzcremes mit hohem Schutzfaktor auf – auch bei Wolken –, und gehen Sie um die Mittagszeit in den Schatten. Besonders gefährdet sind Kleinkinder und sonnenempfindliche Hauttypen.

Leichtsinnig Rad fahren
Problematisch sind nicht die Pisten, wo es über Stock und Stein geht, sondern die Landstraßen. Es gibt keine Radwege, und häufig sind die Straßen ziemlich eng. Einheimische nehmen auf Radler wenig Rücksicht. Fuerteventura hat die höchsten Unfallziffern aller Kanarischen Inseln.

Querfeldein fahren
Es ist natürlich verlockend, den Jeep mal so richtig über Stock und Stein zu prügeln. Tun Sie es aber bloß nicht in den Naturparks, z. B. auf der Halbinsel Jandía oder in den Dünen von Corralejo. Auf diesen Frevel stehen mittlerweile empfindliche Geldstrafen.

Strandburgen reservieren
Andere Feriengäste von Strandburgen per Schild (»bis ... reserviert für ...«) auszusperren ist eine deutsche Unsitte – ein steter Quell von Streitereien und eine Unhöflichkeit gegenüber dem Gastland. Verständigen Sie sich lieber auf das Prinzip »Wer zuerst kommt, mahlt zuerst«.

Windigen Autovermietern auf den Leim gehen
Wenn Sie sich einen Mietwagen gönnen, gilt: Vorsicht beim Kleingedruckten! Bestehen Sie auf einer deutschen oder englischen Übersetzung Ihres Mietvertrags. Und fahren Sie auf keinen Fall los, ohne im Beisein des Vermieters die wichtigsten Funktionen und den Gesamtzustand des Wagens überprüft zu haben. Windige Vermieter können Sie sonst für Reparaturen zur Kasse bitten, die Sie nicht verschuldet haben. Überhaupt sollte der Wagen, den man Ihnen anbietet, nicht zu alt und damit pannenanfällig sein.